KB207267

별처럼 사는 법

| 이시우 |

별처럼 사는 법

머리말

태양빛으로부터 받는 빛과 흙이 주는 영양분을 받아 지상의 생물이 양육되고 있다. 지구는 태양 주위를 돌면서 또 수천억 개의 별들로 이루어진 은하계 주위를 돌고 있다. 이 은하계는 약 35개의 은하로 이루어진 국부은하군 내에서 움직이고 있다. 이 국부은하군은 국부초은하단 내에서 또 움직이고 있다. 이처럼 우리가 살고 있는 지구는 수천억 개의 은하들로 이루어진 우주 내에서 여러 가지 운동을 하고 있지만 우리는 이를 전연 느끼지 못하며 살아간다.

밤하늘에 육안으로 보이는 수백 개의 밝은 별들은 태양 주위에 있는 국부항성들이다. 여름이면 우유를 뿌려 놓은 듯한 은하수가 보이며 특히 견우성과 직녀성이 은하수라는 오작교 양쪽에서 밝게 빛을 내고 있다. 이 모든 별들도 현재 늙어 가고 있으며 언젠가는 태양처럼 임종을 맞아 사라질 것이다. 그럼 죽은 별들의 잔해에서 새 별들이 탄생하면서 우주를 계속 밝혀 갈 것이다.

오늘날 특히 도회지에서 살고 있는 사람들은 도시의 밝은 불빛과 스모그로 뒤덮인 하늘 때문에 육안으로 별들을 볼 수 없다. 인간을 구성하는 물질이 별에서 왔으므로 인간도 별이다. 그런데도 우리는 우리의 옛 고향인 하늘을 잊고 별을 잊은 채 땅만 내려다보며 2차원적 생활을 하고 있다. 즉 어린 왕자가 본 하늘의 수많은 별꽃들이 우리의 눈에서, 마음에서 모두 사라졌다. 벌들이 꽃에서 꿀을 따오듯이 우리는 양식을 위해 돈을 따오면서 우주가 무엇이고 별이 무엇인지 전혀 모른 채 하루하루 살아가고 있다.

우리가 살아가는 도리가 무엇이며 이 도리를 어디에서 찾아야 하는 지도 모른 채 모두가 서로에게 떠밀려 살아가고 있다. 옛 성현들의 지혜와 진리의 말씀이 무엇이며 또 어떻게 따라가야 하는 것에도 관심이 없다. 오늘날의 무한 경쟁이라는 현실에서 살아가는 것만도 숨 가쁘게 바쁘다.

시간에 따라 만물이 변하며 진화한다. 이런 진화는 보다 안정된 상태로 나아가는 것이 이법이다. 소위 엔트로피가 증가하는 무질서의 조화가 이루어지는 방향이 시간과 진화의 방향이다. 우주의 질서도 이런 조화로운 방향으로 진화하고 있다. 그런데 어찌하여 지상의 인간은 우주의 이법을 거역하며 진화해 가는가? 하늘의 조상별과 우리의 형제별을 외면하고, 인간이 살고 있는 지구라는 생명체를 마구 파괴하고 훼손하여 병들게 하고, 나아가 다른 생명의 종들을 멸종의 위기로 몰고 가고 있지 않는가!

인류가 지상에 살아남으려면 하루 속히 인간의 마음을 치유하고 나아가 자연의 만물과 공존 공생하는 자연친화적인 생명존중 사상을 가져야 한다. 그렇게 하기 위해서는 번뇌 망상을 일으키는 염오심을 여의고 우리가 원래 지니고 있는 별과 같은 깨끗한 마음을 밖으로 끌어내야 한다. 경쟁적 자본주의에 물든 우리는 탁하게 오염된 염탁의 마음과 항상 불안에 들뜬 초조한 마음으로 살아가고 있다. 이것은 올바르게 살기 위해 사는 것이 아니라 죽지 못해 사는 것과 다를 바 없다. 그래서 소유가치에 물든 현실은 인간의 존재가치를 상실한 채 인간을 한갓 물적 존재로 전락시키고 있다. 이에 따라 숭고한 정신문화는 자취를 감추고 물질만능주의가 세상을 휩쓸고 있으며 우리는 그 속에 파묻혀 살아가고 있다.

철학자 베르그송의 말처럼 인류가 이룩한 물질문명에 짓눌려 있는 현실에서 앞으로 인류가 지상에 계속 살아남을 것인지 아니면 사라져버릴 것인지를 우리 스스로 결정해야할 때가 되었다. 만약 살아남고자 한다면 하루 속히 우리의 혼탁한 마음을 청정하게 바꾸어야 한다.

이에 도움이 되고자 본서에서는 우리가 별처럼 청정하게 살아가야 함을 보이기 위해서 별의 일생과 인간의 일생을 비교하면서 설명했다. 그리고 성현, 철학자, 문학자, 사회학자, 과학자, 예술가, 정치가, 교육자 등등의 여러 위인들이 남긴 명언들과 격언 등을 모아 그 뜻을 간략하게 풀이 했다. 이 명언들은 인간이 살아가는 데 꼭 필요한 주옥같은 삶의 지침서로서 인생을 한번쯤 뒤돌아보게 하면서 인간의 마음을 맑게 해줄 것이다. 본서를 통해서 비록 별을 직접 볼 수는 없다 하더라도 항상 마음속에 별을 지니고 살면서 자신의 별과 끊임없이 대화가 이루어지면서 마음이 깨끗이 정화되기를 바란다.

끝으로 우리출판사 가족에게 감사드립니다.

2007년 7월
이 시우 씀

차 례

별처럼 사는 법

chapter 3 별과 마음

chapter 4 별과 행복

별의 탄생도 인간처럼 빈손으로 나오는가?

chapter 1. 별과 인간

별의 탄생

밤하늘에서 빤짝이는 수많은 별들은 언제 보아도 신비롭고 아름답다. 밤하늘을 밝혀주는 이들 별들은 영원히 빛을 내며 지날 것 같아 보인다. 그러나 별들도 우리처럼 태어나 일생을 살다가 언젠가는 빛을 잃어버리며 죽어간다. 인간에 비해서 별의 일생은 수천만 년 내지 수백억 년으로 워낙 길기 때문에 우리의 육안으로는 별의 죽음을 쉽게 볼 수 없다. 그러나 우리가 별을 보든 안보든 우주에서 별들은 계속 탄생되고 또 죽어가며 우주를 밝히고 있다.

특히 여름밤 하늘을 보면 별들이 많이 모인 은하수를 따라서 견우성과 직녀성이 있는 사이로 띠 모양의 어두운 지역이 보인다.(#1) 이 곳에는 특히 가스와 티끌이 많이 모여 있는 영역으로 이런 곳에서 새로운 별들이 탄생된다. 가스는 약 73%의 중성 수소와 25%의 헬륨 그리고 약 2%의 중원소(헬륨보다 무거운 원소를 통칭함)로 이루어졌다. 약 90%의 가스와 약 10%의 티끌로 이루어진 물질을 성간 물질이라 하며 별들 사이에 흩어져 있다.

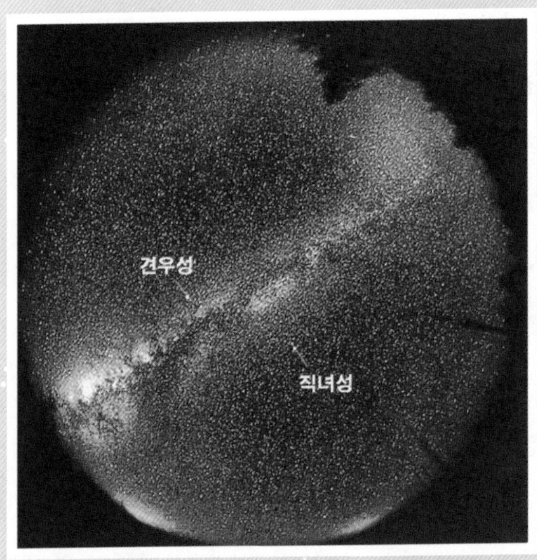

#1. 전천 사진
그림 가운데 은하수가 있고, 이 양쪽에 견우성(위쪽)과 직녀성(아래쪽)이 보인다. 밝은 은하수 가운데 어두운 부분은 성간 물질이 짙게 모인 곳이다.

성간 물질이 밀집한 지역을 암흑 성운(#2)이라 부르며 여기에서 별이 탄생된다. 그럼 별들이 어떻게 생겨나는가를 살펴보자. 티끌의 크기는 가스보다 만 배 내지 수십만 배 더 크다. 그리고 티끌은 전기적으로 극성을 지닌다. 즉 티끌의 한쪽 끝이 +극이면, 반대쪽은 −극을 띤다. 그래서 티끌들이 서로 결합하고 또 가스 입자도 끌어들여 점차 티끌이 커져간다. 이런 과정을 거치면서 작은 물질의 덩어리가 생기게 되면 이들이 또 서로 결합하면서 점점 더 큰 물질의 덩어리를 만들어 간다. 물질들 사이에는 서로 끌어당기는 만유인력이 작용함으로 초기의 원시 성간구름(또는 성운-밀집한 성간 물질의 집단)은 점차 수축하게 된다. 이를 중력수축이라 한다.

원시 성운이 서로 끌어당기는 자체의 중력 때문에 느린 중력수축이 일어난다. 이 과정에서 성운의 중심부의 밀도는 점점 증가하고 이에 따라 중심부의 온도와 압력도 증가한다. 중심부의 밀도 증가가 어느 단계에 이르면 안쪽에서 끌어당기는 인력이 급격히 증가함으로 성운의 중력수축이 매우 빠르게 일어난다. 이런 빠른 중력수축을 중력붕괴라 한다. 즉 마치 높은데서 돌이 땅에 떨어지듯이 매우 빠른 속도로 중력수축이 일어나면서 중심부의 밀도는 매우 높아지고 또 온도도 천만도 이상으로 급격히 증가하게 된다.

#2. 암흑 성운

말머리 모양을 한 말머리 성운(바나드 33)은 1,600광년 떨어진 오리온 대성운 내에 있다. 검은 부분은 특히 가스와 티끌이 밀집하게 모인 영역으로 뒤쪽의 빛을 차단하여 어둡게 보인다. 이런 영역에서 별들이 탄생한다.

이때 중심부에서는 4개의 수소핵이 모여 하나의 헬륨핵을 만드는 수소핵 융합반응이 일어난다. 이 과정에서 4개의 수소핵의 질량의 합보다 헬륨핵의 질량이 약 0.7% 적어진다. 줄어든 질량은 아인슈타인의 에너지-질량 등가等價법칙에 따라 에너지로 변환된다. 즉 복사에너지로 바뀌어 빛으로 방출되면서 별로 탄생되는 것이다.

#3은 오리온 대성운에서 갓 태어난 별의 모습이다. 이 별 주위에는 남아 있는 성운이 검은 원반을 이루고 있다. 지구와 같은 행성들은 바로 이 검은 원반 물질에서 생긴다.

중력붕괴가 일어나지 않으면 왜 별이 탄생할 수 없는가? 성운이 느리게 수축하면 이때 발생하는 열에너지가 성운 바깥으로 빠져나가므로 성운의 온도를 높일 수 없다. 그러나 빠른 중력 붕괴가 일어난다면 그 때 생기는 높은 열이 바깥으로 빠져나가지 못하고 성운 중심부의 온도를 빠른 속도로 높여 천만도 이상이 되면 별이 탄생될 수 있는 조건을 갖출 수 있는 것이다.

인간의 경우는 어떤가? 정자와 난자가 자궁 속에서 서로 만나 사람을 만들어 낸다. 즉 자궁내의 온도가 거의 일정하고 외부의 영향을 직접 받지 않는 고립계에서 아기가 생긴다. 그러나 별의 탄생은 영하 약 250도의 차가운 성운의 열악한 조

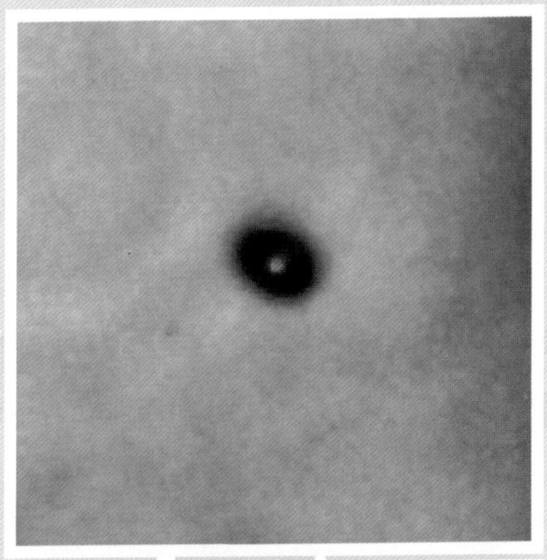

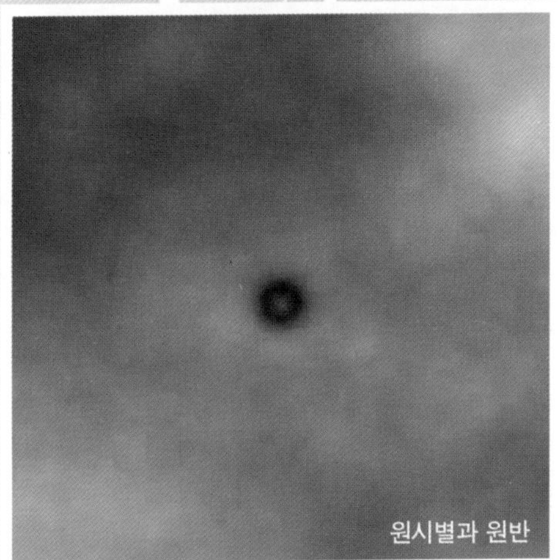

#3. 별의 탄생

오리온자리에서 1,500광년 떨어진 갓 태어난 밝은 원시별에서 주위의 검은 원반형태의 영역은 가스와 티끌이 밀집한 지역으로 이것의 크기는 태양계의 수 배 정도이다.(허블우주망원경(HST)으로 촬영)

건을 가진 열린계에서 시작한다.

결국 인간의 탄생은 안정된 조건에서 일어나지만 별의 경우는 열악하고 불안정한 조건에서 시작된다. 그렇지만 탄생 후 살아가는 모습을 보면 별은 비교적 안정하게 살아가지만 인간의 경우는 고통의 길이다. 그 이유는 별은 평생 먹을 양식을 가지고 태어나 자연의 섭리를 따르며 살아가는 데 비해 인간은 외부에서 양식을 구해야 하며 이 과정에서 자연의 섭리를 거역하는 경우가 많아지기 때문이다.

이 세상에 태어나는 자는 하나의 집을 짓는다. 그는 가고, 그 집을 다음에 오는 자에게 양도한다. 그러나 이 사람은 다른 방식으로 또 고쳐 짓는다. 그리하여 누구도 건설을 끝내지 않는다. [괴테: 독일 문호]

인간은 태어나 집을 짓고 살다가 생을 마치고 사라진다.
그럼 다음 세대의 사람이 다시 이 집에 들어와 살면서 그의 방식대로 집을 고치기도 한다. 이처럼 인간은 세대가 지나가면서 집을 새로이 꾸며가면서 살아간다. 인류가 존재하는 한 세대가 이어지면서 이러한 건설의 작업은 끝나지 않을 것이다. 이것이 인간사이다.
인류의 세대가 내려갈수록 앞선 세대의 몸・입・뜻으로 짓는 말과 동작과 생각으로 짓는 것과 그 세력인 업業이 유전되어 다음 세대로 내려간다. 선하고 착한 업을 내려 보내려면 윗세대가 올바르게 살아야 한다. 즉 인간사를 올바르게 건설해야 한다는 것이다. 그렇지 않으면 인류의 건설 작업은 오래 계속되지 못하고 끝나고 만다.

인간은 태어날 때는 자유다. 그러나 그 후 도처에서 쇠사슬로 묶여진다. [루소: 프랑스 사상가, 문학가]

인간이 태어날 때는 혼자지만 살아가려면 남과 연기관계를 맺지 않으면 안된다. 이런 연기관계에서는 모든 것을 자기 마음대로 할 수 없기 때문에 마치 쇠사슬에 묶여있는 것처럼 느껴진다는 뜻이다.
우리는 이러한 연기의 사슬이 없다면 한시라도 살아 갈 수 없다. 우리의 양식과 삶의 과정 모두가 이런 사슬에서 시작되고 또 사슬에서 끝나기 때문이다.

사람의 일생은 사람이 생각하는 것만큼 좋지도 않고 또 나쁘지도 않은 것이네요. [모파상: 프랑스 소설가]

인생에서는 마치 바다의 파도가 일다가 사라지는 것처럼 인생에서도 행복할 때가 있고 불행한 때가 있다. 그래서 한때 특별한 것이 있다하더라도 전체적으로 보면 좋은 것만도 아니고 나쁜 것만도 아닌 그렇고 그런 것이 인생인 것이다. 그러니 어느 한쪽에 집착하지 말고 여여하게 살아가야 한다.

우리는 출생하면 경기장에 들어가고, 죽으면 그곳을 떠난다.
그 경기용 차를 아주 멋지게 운전할 수 있는 기술을 배운다고 해서 그것이 무슨 소용이 있겠는가. 지금에 이르러서는 오직 어떤 식으로 퇴장하는 것이 좋은가 하는 것을 생각하면 되는 것이다.
노인의 공부는, 노인에게도 아직 공부하는 일이 있다고 하면, 오직 한 가지, 죽는 것을 배우는 일이다. [루소: 프랑스 사상가, 문학가]

사람은 태어나면 삶의 경기장으로 들어간다. 여기서 삶의 투쟁의 역사가 시작되는 것이다. 그러다가 죽으면 그 경기장을 빠져 나오게 된다. 그럼 어떻게 경기장을 퇴장하는 것이 올바른 것일까?
이를 위해 노인이 되어 공부해야 할 것은 퇴장하는 방법을 공부하는 것이다. 즉 올바르게 죽는 법을 배우는 것이다.
실은 이런 죽음의 퇴장 방법은 젊었을 때 공부해서 배워두어야만 삶의 경기장에서 올바르게 경기를 할 수 있는 법을 터득할 수 있게 되는 것이다.

별의 중력붕괴

별의 탄생에서 일어나는 중력붕괴는 일종의 급격한 혼돈 상태이다. 이러한 혼돈 상태는 새로운 질서의 창생을 유발한다. 별의 경우를 살펴보자.

약 영하 250도의 매우 차가운 성운 물질에서는 빛이 나오지 않는다. 이런 성운이 점차 수축하면서 조금씩 열을 내다가 성운의 중심부 밀도가 높아지면서 어느 단계에 이르러 빠른 중력붕괴가 일어나면 성운의 중심부 온도가 급격히 증가하면서 빛을 내지 못하던 기존의 질서를 벗어나 빛을 내는 새로운 질서를 이루게 된다. 즉 중력수축의 양이 증가하면서 이전 상태의 질을 바꾸어 놓은 것이다. 이를 양에 의한 질의 변화라 부른다. 이때는 반드시 새로운 창생創生이 일어난다. 예를 들면 자연에서 일어나는 생명의 탄생이나, 새로운 질서를 창출하는 사회적 개혁이나 혁명이 이에 속한다.

우리 각자에게도 이런 경우가 적용된다.

예를 들어 새로운 마음가짐으로 다시 탄생하려면 자신의 과거를 뒤돌아보면서 짧은 시간 내에 많은 양의 에너지(특히 노력)가 투입되어야 한다. 서서히 놀면서 새로운 마음을 찾고자 한다면 이는 불가능하며, 오히려 기존의 질서만 혼란스럽게 만들 뿐이다. 흔히 뼈를 깎는 노력을 한다고 한다. 이것은 자신이 혼신의 힘을 다하는 노력을 한 곳으로 모아 기존의 질서를 무너트리고 새로운 질서를 창출토록 집중하여 일해 나가는 것을 말한다.

이를 위해서는 자신이 자신을 엄격히 통제할 수 있는 올바른 계율[戒]을 잘 지켜야하며, 흥분하고 들뜬 마음을 가지지 말고 늘 안정된 상태를 유지[定]해야 한다. 또 우주의 이법에 따라 매사를 올바르게 판단할 수 있는 지혜[慧]가 필요하다. 즉 뼈를 깎는 노력은 올바른 계戒・정正・혜慧를 잘 성취하는 것이며, 이를 통해 새로운 질서를 지닌 자신으로 다시 태어날 수 있게 된다.

만약 우리 사회에서 새로운 변화를 시도한다면 짧은 시간 내에 경제적인 물적(자본) 투자와 정책 수행을 위한 뛰어난 인적(두뇌) 투자가 집약적으로 집중될 때만 새로운 질서의 창출이 가능한 것이다. 그렇지 않고 물적 인적 자원이 부족한 상태에서 새로운 변화를 무리하게 시도하는 것은 오히려 기존의 질서만 혼란시킬 뿐이다. 오늘날 우리 사회는 물적 인적 자원의 집중이 아니라 사회가 불안정함으로 오히려 이들이 바깥으로 유출되는 현상이 나타고 있다. 이것은 새로운 질서의 창출이 아니라 무질서의 극치에 따른 파멸의 징조를 암시할 뿐이다.

이와 같은 현상은 어디에서 오는가? 우리 사회에 올바른 계 · 정 · 혜가 이루어지고 있지 않다는 것이다. 즉 법이 있되 법이 없고, 치열한 경쟁구조 속에서 항상 들뜬 불안정한 상태로 세상이 돌아가며, 우주의 올바른 이법을 도외시하면서 개인적 이익과 쾌락에만 치우쳐 있다는 것이다. 이처럼 집단적 안정이 상실된 상황에서는 모이는 것보다 밖으로 새어나가는 것이 더 많게 된다. 그러면 새로운 급격한 혼돈을 통한 질서 창출은 결코 기대할 수 없다.

오늘날 우리나라의 교육은 하향 평준화를 지향하는 정책을 거의 강제적으로 쓰고 있다. 이런 교육 하에서는 창조적 혼돈 상태가 유발될 수 없다. 왜냐하면 집약적인 물적 인적인 투자가 없기 때문이다. 교육은 경쟁적이 아니라 창조적 활동이어야 한다. 그래서 인류의 생활 역사와 사고의 역사를 다루는 역사와 철학이 교육의 기초가 되어야 한다. 그런데 우리의 교육에서는 대학에서 조차 역사와 철학이 중시되지 않고 있다.

오늘날 영어, 수학, 국어를 가장 중시하는 우리의 중등교육 풍토는 인류의 역사와 창조적 사고 활동을 다루는 철학이 없이 오직 물질 만능 주의를 따르며 삶의 가치 추구를 망각한 획

일적 교육일 뿐이다. 삶의 가치는 자연의 섭리를 올바르게 알지 않고는 실현될 수 없다. 각자는 자기의 능력과 취미에 알맞은 영역을 택해야 하고 또 그런 곳에서 일해야 한다. 획일적인 저질 교육은 인간의 능력과 취미를 말살하여 삶의 가치 실현을 일찍부터 포기토록 만든다. 그래서 어린 시절부터 세상 흐르는 대로 따라 흘러가면서 창조적 생의 포기를 자연스럽게 경험토록 한다.

이성을 가졌다는 인간을 이성이 마비된 인간으로 만들어 가는 것이 특히 오늘날 정보기술 산업화의 결과이다. 즉 인간을 말초적이고, 즉흥적이며, 단순화된 형태로 만들어 깊은 사고는 존재하지 않으며 인내력과 자제력이 결여된 삶을 살아가도록 할 뿐이다. 만물의 영장이라면서 별보다 못한 삶을 살아가도록 하는 것이 오늘날 우리의 사회교육과 가정교육의 현실이다. 책을 읽는 것보다 핸드폰을 가지고 노는 것이 더 중요하고, 다양한 도구를 만들고 다듬는 창조적인 손은 컴퓨터란 괴물의 노예가 되어 올바른 창조적 정신문화를 이룩해 가기에는 요원해 졌다.

교육은 가장 기본적인 틀을 제외하고는 각자 자신에게 맡겨야 한다. 교육은 일정한 틀에 억매여 억지로 끌고 가는 것이 아니다. 교육의 목적 중 하나는 스스로 학습에 대한 흥미와 호기심 유발을 일으키도록 하는 데 있다. 그래야만 집약된 노력을 통해서 창조적 혼돈이 발생하면서 새로운 자신으로 태어날 수 있게 된다. 이러한 노력의 양에 의한 새로운 질의 변화가 없다면 교육을 통한 국민 전체의 삶의 질적 향상은 기대할 수 없다. 비록 경제적 발전으로 먹고 입는 주거 환경은 나아졌다 하더라도 정신은 속빈 강정과 다를 바 없으며, 나아가 세계의 문화 발전에 기여할 수 있는 국민이 될 수는 없다.

결국 정신문화는 후진국 수준을 벗어날 수 없다는 것이다.

이 세상의 악과 싸우려면 단 하나의 수단 밖에 없다. 즉 그것은 자기 자신을 도덕적으로 완성시키는 일이다. 관용과 용감과 충성된 행동으로 살라. 자기만 생각하는 이기적 생활을 미워하며 암흑을 깨뜨리고 비쳐오는 별빛 같은 숭고한 이상을 가지고 인류의 행복을 위해 봉사하려는 정신을 가지고 살라. [T.S. 엘리어트: 영국 시인]

칸트는 그의 『실천이상비판』에서 "조용하게 깊이 생각하면 생각할수록 더욱더 언제나 새롭고 그리고 고조되는 감탄과 숭엄한 감정으로 마음을 채우는 것이 둘이 있다. 그것은 내 위에 있는 별이 빛나는 하늘과 내 안에 있는 도덕률이다"라고 했다.

인간은 사회적 동물이기 때문에 탐욕과 애욕 등의 번뇌 망상을 일으키는 그릇된 생동심을 지니고 있다. 이런 이기적 생동심을 억제하기 위해 규범이니 윤리, 도덕 같은 것을 만들어 인간의 마음을 통제하고 제어토록 한다. 그런데 이러한 도덕의 밑바탕은 칸트의 말처럼 하늘의 이법을 근본으로 하고 있다. 이럴 경우에만 인류는 숭고한 이상을 가지고 서로를 배려하고 관용을 베풀며 봉사함으로써 행복을 누릴 수 있는 것이다.

분노를 정복하는 것은 겸손과 자비,
사악을 정복하는 것은 선과 지혜,
인색을 정복하는 것은 관용과 베품,
거짓말을 정복하는 것은 진실을 말하는 것이다. [법구경]

분노를 여윔으로써 겸손과 자비를 베풀 수 있고, 사악함을 여윔으로써 착해지고 지혜로워지며, 인색하지 않으면 관용과 나눔을 베풀 수 있으며, 거짓말을 하지 않으면 진실할 수 있다는 것이다. 분노하면 사악해 지기 쉽고, 인색하면 거짓말하기 쉽다. 이런 불안정한 상태에서는 인생을 제대로 꾸려 갈 수 없게 된다.

반야지도 태양과 같아서 지혜의 빛이 잠시라도 소홀하면 무생 번뇌가 금방 일어난다. [국창수필]

진리를 따라 사고하고 행하는 반야지혜는 깨달음의 지혜로서 태양빛과 같다. 비록 이런 반야지혜가 있다 하더라도 잠시 긴장을 늦추어 소홀해지면 잠자고 있던 모든 번뇌 망상이 금방 일어난다. 그러므로 지혜를 갖출수록 꾸준히 정진하며 마음을 닦아가야 한다.

먼저 내가 할 일은 내가 나 자신에게 진실해야 한다는 점이다. 어찌 스스로는 진실하지 못하면서 남이 나에게만 진실하기를 바라는가? 만약 그대가 자신에게 진실하다면 밤이 낮을 따르듯 어떠한 사람도 그대에게 거짓말을 하지 않게 되리라. [윌리암 세익스피어: 영국 극작가]

우리는 우리 자신이 의사가 되어 자신을 진단하고 판단해서 가장 진실한 마음을 가지고 행동하도록 노력하지 않으면 안 된다. 그래야만 남으로부터 어떠한 비난도 받지 않고 또 남이 그대를 속일 수도 없을 것이다. 자기 자신이 진실하지 않으면서 남이 나에게 진실하기를 바란다는 것은 그릇된 욕심이다.

재앙은 덧없이 심한 욕망 때문에 생기며, 우환은 분수에 넘치게 얻으려 하기 때문에 생기고, 화는 만족을 모르는 정도가 더 없이 크기 때문에 생기는 것입니다. [노자: 중국 성현]

욕망이 심할수록 탐욕이 일어나 재앙을 부르고, 지나치게 많이 얻으려는 욕심에서 우환이 생기며, 만족을 모르기 때문에 더 얻으려다가 화를 불러 온다는 것이다. 결국 모든 불행은 탐하는 욕심과 분노 및 어리석음 때문에 일어나는 것이다.

별은 탐욕이 없다

인간의 경우에 정자와 난자가 서로 만나 모체의 뱃속에서 안정된 상태로 자라면서 점차 사람의 모습을 갖추어 간다. 10개월이 지나면 세상 밖으로 나오면서 한 인간으로서 살아가기 시작한다. 어머니 뱃속에서는 탯줄을 통해 영양분을 제공받지만 밖에 나오면 외부로부터 영양분을 공급받는다.

즉 인간이 세상 밖으로 나오기 전에는 안정된 고립 상태에서 잘 지내지만 일단 세상 밖으로 나오면 양식을 외부로부터 공급받아야하는 고난의 시대가 시작된다는 것이다. 이것은 인간이 빈손으로 태어나기 때문에 지니는 피치 못할 고행의 길이다.

그럼 별은 어떠한가?

매우 차가운 열린 우주 공간에서 성운이 중력적으로 수축하면서 성운의 중심 온도가 점차 높아지고, 중심부 밀도가 어느 정도 상승하면 빠른 중력붕괴가 일어나면서 중심부의 온도가 천만도 이상으로 높아져 수소핵 융합반응이 일어나면서 빛을 내는 별로 탄생된다.

그럼 별의 탄생도 인간처럼 빈손으로 나오는가?

그렇지 않다. 별은 탄생 때 자기가 가지고 나오는 질량이 평생 동안 먹고 살아갈 수 있는 양식이 되는 것이다. 그러므로 별은 인간과 달리 일생 동안 양식 걱정 없이 지낸다. 즉 별은 양식에서 태어나 그 양식으로 살아가지만 인간은 양식에서 태어나지만 새로운 양식을 밖에서 구해야하는 고난의 운명을 지니고 있는 것이다.

양식을 밖에서 구해야하는 인간은 양식을 찾아 다녀야 하고, 또 양식 때문에 서로 다투는 투쟁이 일어나며, 좋은 것과 나쁜 것을 분별하고 차별하며, 서로가 모여 자기 것들을 모으고 지키려는 집착심도 생긴다. 이와 같이 양식을 구하는 과정에서 탐욕[貪]도 생기고, 화[瞋]도 내며, 이치에 어긋나는 우매한 짓[痴]을 하기도 한다. 이 탐貪 · 진瞋 · 치恥를 세 가지 독毒이라 하며, 이것이 인간의 마음을 항상 들뜨게 하고 흥분시키며 여러 가지 나쁜 죄악을 범하게 하며 인생을 괴롭게 만드는 주된 원인이 된다. 결국 별에서는 일어나지 않는 탐진치 삼독三毒이 항상 인간을 따라다니며, 별과 달리 인생을 복잡하게 살아가도록 한다.

기원전 3~4세기 전에 쓴 인도의 『우파니샤드』에 양식의 중요성에 대해 다음과 같이 적고 있다.

"음식에서 만물이 생겨났다. 땅에서 사는 생물들은 어떤 것이든 생겨나는 대로 음식에 의지해서 살아가니 다시 삶이 끝날 때 음식에 돌아가 잠기노라."

"음식은 모든 것을 받혀주는 자, 비슈누의 육신이다.
숨息은 음식에서 나온 즙(핵심)이요,
마음은 숨에서 나온 즙(핵심)이며,
지혜는 마음에서 나온 즙(핵심)이요,
환희는 지혜에서 나온 즙(핵심)이로다."

"음식은 이 모든 세상의 원천이요,
음식의 원천은 시간이요,
시간의 원천은 태양이다."

예를 들면 정자와 난자는 부모가 음식을 먹기 때문에 생긴 것이다. 사람 형태가 없던 이들이 만나 사람을 만들어 낸다. 그리고 사람은 죽어서 한 줌의 재로 변한다. 이 재는 음식으로써 다음의 생명체를 키우는 거름이 된다. 그러니 삶과 죽음이란 음식에서 나와서 음식으로 돌아가 잠기는 셈이다. 우리는 음식을 먹음으로서 숨을 쉬고, 마음이란 정신작용을 하며, 여기서 지혜도 생기고 또 슬픔과 환희도 생기는 것이다. 이러한 음식은 지구가 끊임없이 태양 주위를 돌며 태양의 빛을 받아 양육되는 동식물에서 얻어진다.

인간의 일생은 궁극적으로 음식을 구하는 과정이다. 이 과정에서 번뇌의 근본이 되는 탐욕과 갈애渴愛가 생기는 것이다. 이것이 양식을 가지고 태어나는 별과 다른 근본적인 차이점이다. 인간이 별처럼 살려면 가능한 음식을 적게 가지는 방향으로 일생을 살아가야 한다. 그러면 음식을 구하는 과정이 복잡하지 않을 것이며, 탐욕과 갈애도 많이 줄어 들 것이다.

『잡아함경』에서 이르기를

"탐욕과 성냄과 어리석음을 끊기 위해서입니다.

탐진치 삼독에 집착하면

마음이 캄캄해져 자기와 남을 해치게 됩니다.

그 순간 지혜가 없고 판단이 흐려져

열반에 이르는 것을 방해할 뿐입니다.

삼독을 끊으면 자기도 해치지 않고

남도 해치지 않으며

현세에서 죄를 짓지 않고

후세에서도 과보를 받지 않게 됩니다.

마음은 언제나 기쁘고 즐거우며
번뇌를 떠나 현세에서 깨달음을 얻게 됩니다.
삼독을 끊으려면
부처님이 일러준 여덟 가지 바른 수행[八正道]을
실천해야 합니다."

라고 했다. 탐진치 삼독을 끊으려면 팔정도를 실천해야 한다. 즉 세상을 바르게 보고[正見], 바르게 사유하며[正思惟], 바르게 말하고[正語], 바르게 행하며[正業], 바르게 살아가고[正命], 바르게 마음을 챙기고[正念], 바르게 집중하여[正定], 바르게 정진[正精進]해야 한다.

원래 가지고 있는 것에 만족하지 않는 자는 가졌으면 하는 그것을 가졌을 경우에도 만족하지 않을 것이다. 무엇보다도 물같이 행동함이 필요하다. 방해물이 없으면 물은 흐른다. 둑이 있으면 물은 머무른다. 둑을 치우면 물은 다시 흐르기 시작한다. 물은 어떠한 그릇에도 담긴다. 이와 같은 성질이 있기 때문에 물은 다른 무엇보다도 필요한 것이며 무엇보다도 힘이 가장 강한 것이다. [공자: 중국 성현, 사상가]

아무리 가져도 만족할 줄 모르는 것은 인간의 탐욕 때문이다.
탐욕을 버리고 물처럼 자연스럽게 자연의 섭리에 순응하고 적응해 간다면 그는 어떠한 방해도 헤쳐나갈 수 있는 가장 강한 삶의 힘을 얻을 수 있다. 그리고 물이 유용하듯이 그도 사회에서 유용한 사람이 될 수 있다.

생사에서 벗어나려면 먼저 탐욕을 끊고 애욕의 불꽃을 꺼버려야 한다. [선가귀감]

번뇌 망상의 근본 원인은 탐욕과 애욕이다.
그러므로 탐욕과 애욕의 불을 꺼버려 이들을 여의게 되면 깨달음의 경지에 이르며, 이런 경지에서는 삶과 죽음에서 벗어나게 된다.
즉 삶이 곧 죽음이요, 죽음이 곧 삶이므로 삶과 죽음은 같은 것이다.
그러니 생사生死에서 어느 한쪽에도 치우침이 없게 되므로 생사를 벗어나게 된다고 한다.

지식은 아주 많이 알고 있으면 자랑하며, 지혜는 아무 것도 모르면 겸손한 태도를 보인다. [윌리엄 쿠퍼: 영국 시인]

지식은 많을수록 자랑하며 지혜는 모르면 겸손해지는 것이다. 그리고 지식은 단순한 사실에 대한 앎이며, 지혜는 지식을 올바르게 쓰는 정신작용에 관련 된다. 그러므로 지혜가 많을수록 머리를 숙이고 겸손해 지는 법이다.

동물들은 정말 마음에 드는 친구들이다. 그들은 질문도 하지 않거니와 남을 비평하지도 않는다. [T.S. 엘리어트: 영국 시인]

동물은 인간과 달리 강한 집착심이나 분별심을 가지고 있지 않다. 그래서 알고자하는 호기심에서 질문도 하지 않고, 또 자기 마음에 맞지 않는다고 해서 남을 비방하지도 않는다. 이런 점에서 보면 동물이 인간보다 반드시 못한 존재만은 아닌 것이다.

욕망이 작으면 작을수록 인생은 행복하다. 이 말은 낡았지만 결코 모든 사람이 다 안다고는 할 수 없는 진리이다. [톨스토이: 러시아 작가]

욕망이 적으면 탐심과 욕심이 적어진다. 탐심과 욕심이 적을수록 번뇌 망상이 적어지면서 행복해 진다. 이런 말은 예부터 있어 왔던 진리지만 실제로 모든 사람이 이를 행하기는 어려운 것이다.

별의 나이

사람은 보통 홀로 탄생되지만 쌍둥이나 또는 세 쌍둥이 등으로 나오기도 한다. 별의 경우는 초기에 거대한 원시 성운에서 별들이 집단으로 거의 동시에 탄생된다. 적게는 수십 개에서 많게는 수백만 개의 별들이 집단으로 탄생한다. 이런 별의 집단을 성단이라 한다. 한 성단 내에는 질량이 태양의 0.1배 정도로 작은 것에서부터 태양의 100배 이상 되는 무거운 별들에 이르기까지 별의 질량이 매우 다양하다. 질량이 작은 별은 먹고 살 양식이 적다는 것이고, 질량이 큰 것은 먹고 살 양식이 많다는 것이다.

그런데 별의 질량이 많을수록 오래 사는 것이 아니라 오히려 일생의 기간 즉 나이는 더 짧아진다. 왜냐하면 질량이 클수록 별 전체가 중심부로 향하는 자체의 중력이 커지기 때문에 이런 중력압을 이겨내려면 중심부에서 일어나는 수소핵 융합반응이 더 큰 규모로 빠르게 일어나 밖으로 향하는 압력을 높여야만 별 전체가 중력적으로 일정하게 안정을 취할 수 있게 된다. 따라서 별의 질량이 클수록 양식의 소모는 더 빨라지므로 일생은 더 짧아지게 된다.

대체로 별의 나이는 초기 질량의 제곱에 반비례한다. 즉 태양 질량의 0.1배 되는 가벼운 별의 일생은 태양 나이의 약 100배로 길며, 태양 질량의 10배되는 무거운 별의 일생은 태양의 약 1/100배로 짧아진다. 이처럼 별이 일생을 살아가는 나이가 질량에 따라 달라지는 것은 처음부터 가지고 나오는 양식의 양이 다르기 때문이다.

무거운 별은 질량이 크기 때문에 빨리 양식을 소모하면서 일생을 마친다. 이 과정에서 많은 양의 물질을 바깥으로 방출한다. 이러한 물질이 성간을 떠돌다가 다른 무거운 별에서 방출한 물질과 결합하여 거대한 성운을 이루면 여기서 다시 별들이 탄생된다. 우리 은하계에서 태양보다 큰 별은 전체 개수의 약 20% 이내로 적지만 새로운 별을 탄생시키며 세대를 이어가도록 하는 역할은 이들 무거운 별들에 의해 이루어지고 있다.

인간의 경우는 외부에서 양식을 구해야함으로 살아가는 일생의 나이는 그 사람의 몸무게와는 무관하다. 오히려 양식의 종류와 양식을 구하는 구체적인 과정에 따라서 인간의 인생이 결정될 것이다. 그래서 일찍 죽고 싶어도 못 죽고, 오래 살고 싶어도 못 사는 것이 인생이다. 인간도 별처럼 삶과 죽음을 초월한다면 삶과 죽음이 다를 바 없으니 생사에 연연할 필요가 없다.

한편 인간이 젊었을 때는 일에 바빠 나이를 잊고 산다. 그러나 나이가 들어 늙게 되어 할 일이 없어지면 나이를 헤아리게 된다. 즉 젊었을 때는 시간이 빨리 가고, 늙어서는 시간이 느리게 가는 것처럼 느껴진다. 시간이나 나이를 헤아리게 되면 죽음의 문턱을 보게 된다. 그러니 늙어서도 노동을 하거나 독서를 하며 시간을 잊고 살아야 한다.

『증일아함경』에서 이르기를
"왕이여, 일체 중생은 다 죽음으로 돌아가오.
아무리 애를 써도 그렇게 되지 않을 수 없소.
죽음은 교묘한 말이나 주술이나 약이나 부적으로
막을 수 있는 것이 아니요.
늙음은 청춘을 부수어 아름다움을 없애고
병은 건강을 부수고
죽음은 목숨을 부수고
항상 하다고 믿는 모든 것은
덧없음으로 돌아가는 것이오.
대왕도 여기에서 벗어날 수 없소.

그러나 이런 것을 미리 알고
몸과 마음을 다스려 법을 깨닫게 되면
죽은 뒤에 천상에 태어나고
그렇지 않으면 지옥에 떨어질 것이오."
라고 했다.

또한 『법구경』에서 이르기를
"소치는 목동이 채찍을 들고
소를 몰아 목장으로 데리고 가듯
늙음과 죽음은 쉬지 않고
우리들의 목숨을 몰고 간다."
라고 했다. 늙음과 죽음은 인간의 의지대로 조정되는 것이 아니다. 단지 살아가는 환경과 방법에 따라서 늙어가는 형태와 죽음의 기간이 약간 달라질 뿐이다. 그러기에 운명이 결정된 별과는 달리 인간의 일생은 괴로운 것이다. 그런데 이러한 괴로움을 모르고 살아가는 것이 깨달은 자의 인생이다.

청년기는 대실수이다. 장년기는 투쟁이다. 그리고 노년기는 후회이다. [벤자민 디즈레일리: 영국 재상]

청년기에는 활동이 다양하고 왕성하기 때문에 실수도 많아진다. 장년기가 되면 삶을 제대로 사는 방법을 터득하고 제대로 투쟁하는 시기다. 노년기가 되면 지금까지 살아온 것을 뒤돌아보고 잘한 것과 못한 것을 가려 후회하기도 한다.
이 모든 것이 인간의 일생에 따른 삶의 자연적 변화의 과정이다.

나는 인품 속에 어느 정도 노인과 같은 점을 지니고 있는 청년을 좋게 생각한다. 그와 똑같이 청년과 같은 점을 다소 지니고 있는 노인도 좋게 생각한다. 이와 같은 규칙에 따른 인간은 몸이 늙어도 마음은 결코 늙지 않는다. [마르쿠스 키케로: 로마 시인, 철학자]

노인과 같은 마음을 지닌 청년은 죽음을 미리 앎으로써 올바른 삶을 살아갈 수 있다. 그리고 노인의 마음에 청년의 마음이 들어 있다면 일을 할 수 있는 활력소를 지니게 되므로 노인의 몸은 늙었으나 그는 휴식이 없이 일하면서 참된 삶을 살아가게 된다.

인간은 의젓하게 현실의 운명을 참고 나가야 한다. 거기에 일체의 진리가 스며있다. [빈센트 반 고흐: 네덜란드 화가]

인간의 가치는 현실적인 삶의 과정에 있으며 이것은 과거의 모든 역사를 내포한다. 그러므로 현실적 운명에 인간 삶의 진리가 모두 들어있는 것이다.

죽음에 의해서 우리들은 생명을 잃지는 않는다. 우리들은 오직 개인성을 잃을 뿐이다. 그런 후 우리들은 우리들 자신이 아니고 타인들 속에서 살아간다. [사무엘 버틀러: 영국 소설가]

인간의 생명에는 두 가지가 있다. 첫째는 생동심의 단멸적 생명과 근본심의 영생적永生的 생명이다. 인간이 살아있을 때 나타나는 생명은 주로 번뇌 망상을 일으키는 생동심으로 개인성에 해당한다. 이것은 죽음과 함께 영원히 사라진다.

그러나 인간을 구성하는 물질이 지니는 근본심은 죽어도 한줌의 재 속에 그대로 남아 다음 세대의 생명의 씨앗으로 자양분 역할을 하며 순환한다. 이 근본심은 우주 만물의 특성으로서 우주심에 해당한다. 이 우주심이 다음 세대의 생명에 심어짐으로써 우리가 타자(식물이든, 동물이든) 속에서 살아가게 된다고 볼 수 있는 것이다.

별의 유아기와 청년기

별이 처음 태어나 유아기를 맞게 되면 인간처럼 자기 모습을 찾아가는 과정에서 역학적으로 불안정하다. 별이 빛을 내기는 하지만 아직 별 주위에는 성간 물질이 남아있고, 별의 내부는 빛을 바깥으로 전달하는 과정에서 불안정하다. 그래서 별은 수축하고 팽창하는 맥동脈動을 일으키며 빛의 밝기가 변화하는 변광變光 현상이 일어난다. 이러한 맥동변광 과정을 거치면서 주위에 남아 있는 성운 물질을 바깥으로 모두 흩어버리고 역학적으로 안정된 상태에 이른다. 이를 주계열이라 하며, 별들은 일생의 대부분을 청년기와 장년기로서 이 주계열에서 보낸다. 그래서 이들을 주계열성主系列星이라 부른다.

별의 표면 온도와 밝기 즉 광도(1초 동안에 별에서 방출되는 총에너지)를 측정하여 그림에 표시해 보면 #4와 같이 태양 주위의 별들(이를 국부 항성이라 한다)의 대부분이 거의 대각선을 이루는 주계열에 모여 있음을 알 수 있다. 태양도 물론 주계열성으로서 주계열에 위치한다. 이러한 그림을 H-R도라 부른다.

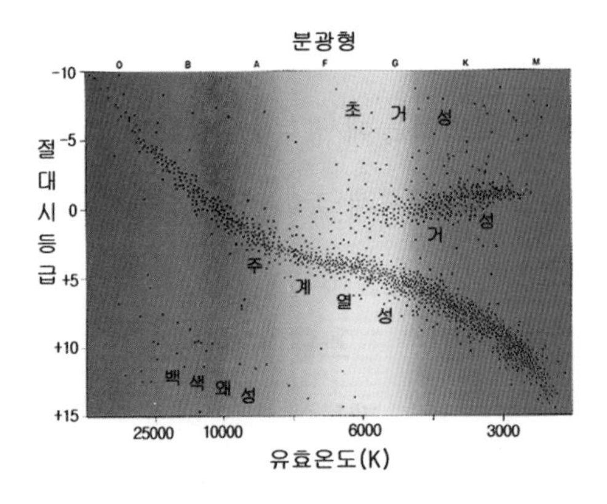

#4. 별의 H-R도
별들은 유효 온도-절대 시등급도 상에서 무질서하게 분포하지 않고 일정한 영역들에 모여 있으며 대부분은 주계열 상에 모여 있다. 주계열의 오른쪽에는 거성과 초거성이, 주계열의 왼쪽 아래에는 일생을 거의 마쳐가는 백색왜성이 존재한다.

주계열에 이르기 전 상태를 전주계열前主系列이라 부르고, 이것은 인간의 경우에 모태에서 아기가 생기기 시작해서부터 태어나서 유아기를 거치는 전체 기간에 해당한다. 처음 주계열에 이르는 것을 영년주계열零年主系列이라 부른다. 즉 유아기를 벗어나 안정된 상태가 시작되는 시기를 나타낸다. 영년주계열이란 주계열에 이른 상태부터 나이를 세기 시작하기 때문이다. 태양의 경우에 전주계열의 기간은 수천만 년이 된다. 이 기간은 태양의 일생인 100억 년에 비하면 매우 짧은 시간이다. 태양계의 행성이나 위성들은 태양이 유아기에 있을 때 주로 형성된다.

태양을 비롯하여 밤하늘에서 보이는 대부분의 별들은 청년기와 장년기의 별들 즉 주계열성이다. 이들은 역학적으로 매우 안정된 상태에서 수소핵 융합반응을 하며(즉 수소라는 음식을 먹으며) 일생의 대부분을 보낸다. 인간은 청년기와 장년기가 일생의 반 정도로 짧기 때문에 별에 비해 일생이 지극히 불안정한 셈이다. 그래서 인간의 삶은 노후가 되어서 더 많은 고통이 따르게 되는 것이다. 수천억 개의 수천억 배나 되는 별들이 있는 우주에서는 별이 태어나고 죽고 하는 생성 소멸이 끊임없이 일어나지만 주계열성이 안정되게 오래 살기 때문에 우주는 전체적으로 보면 비교적 조용한 상태로 진화하고 있는 것이다.

새벽이나 저녁노을이 질 때 지평선 부근에 있는 붉은 태양을 육안으로 보면 둥근 모습(실은 타원 모양)을 띠며 조용해 보인다. 청년기에 있는 태양은 매우 안정된 상태로 지나고 있다. 겉보기에는 태양에서 아무런 일도 일어나지 않을 것 같지만 실제 망원경으로 잘 관찰해 보면 태양에서 끊임없는 분출(#5)과 물질 방출(#6)이 일어나고 있음을 볼 수 있다.

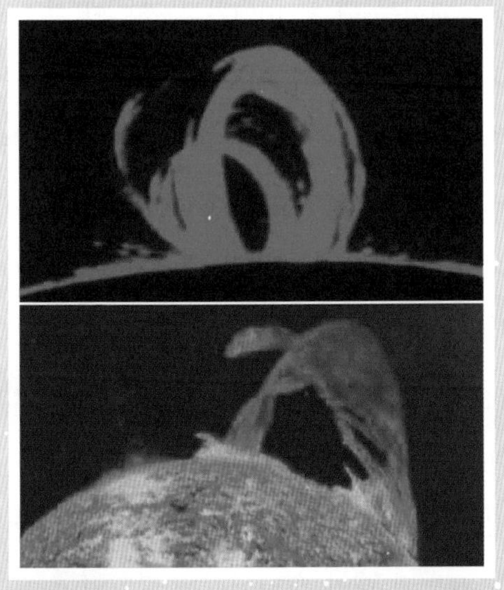

#5. 홍염
태양 대기 물질이 수만 내지 수십만 km까지 높이 분출한 루프 형태의 홍염은 수 시간씩 지속된다.

#6. 코로나 물질 방출
태양의 자기극에 있는 코로나 홀에서 많은 양의 물질이 방출되고 있다. 2000년 10월 13일에 SOHO위성에서 찍은 사진이다.

태양 중심부에서는 매 초 10메가톤 규모의 수소폭탄 약100억 개가 터지고 있는 셈이며, 이로부터 태양 빛이 나와서 지상의 생물을 양육하고 있는 것이다. 결국 우주 만물은 한시라도 조용히 있지 못하고 역동적으로 움직이고 있다. 이것이 바로 삶의 증거이다. 어찌 보면 거대한 에너지를 생성하며 살아가는 별의 세계가 인간보다 훨씬 고통스러울지도 모른다. 그러나 별은 인간과 달리 이것을 자연스럽게 받아드리며 자연의 이법에 따라 살아가고 있을 뿐이다.

현재 태양에서 분출되어 바깥으로 나오는 물질이 많지는 않지만 태양 표면과 태양 대기에서는 끊임없이 여러 가지 활동이 일어나고 있다. 그러나 태양 전체로 보면 안정된 상태로 조용해 보인다. 별의 질량이 태양보다 훨씬 클 때는 별의 표면과 대기에서 일어나는 활동이 더욱 심해지기 때문에 많은 양의 물질이 바깥으로 방출된다. 그리고 별의 밝기가 변화하는 맥동 변광 현상이 일어나기도 한다.(#7)

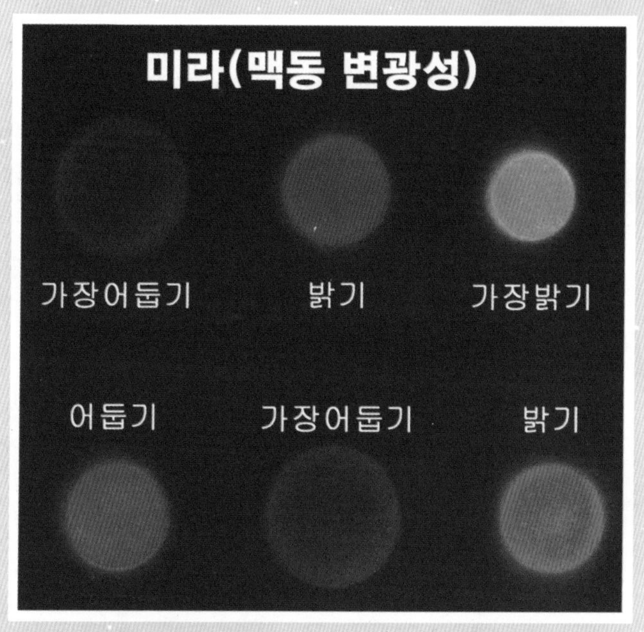

#7. 맥동 변광성

약 230광년 떨어진 고래자리에서 있는 장주기 맥동 변광성으로 변광 주기는 331일이다. 가장 밝을 때와 가장 어두울 때의 등급 차이는 약 5등급으로 100배의 밝기 차이가 난다.

노년의 결핍을 보충하기에 족한 것을 청년시대에 터득해 두도록 하라. 그리고 만일 노년은 음식물로서 지혜를 필요로 한다는 것을 이해한다면, 막상 노년이 되었을 때 영양실조가 되지 않도록 젊은 동안에 공부하라. [다 빈치: 이탈리아 화가, 건축가, 과학자]

노년기를 올바로 보내려면 청년기에 공부하고 지혜를 쌓아두라는 것이다. 그렇게 하려면 젊었을 때 늙음을 공부해 두어야 한다.

즉 내가 늙어서 어떠한 인간이 될 것 인지를 미리 생각하고 지식과 지혜를 쌓아둠으로써 늙어서 추한 모습을 보이지 않고 품위 있게 늙어가도록 해야 한다.

나의 청년 시절에 나는 자유를 강조했고 나의 노년기에는 질서를 강조했다. 나는 지금까지 자유가 질서의 산물이라는 위대한 발견을 해왔기 때문이다. [윌 듀란트]

청년 시절은 자유 분방한 시기이다. 그러므로 누구로부터의 간섭이나 구속을 싫어한다. 노년기가 되면 자유보다는 윤리나 도덕을 따른 질서를 중시하게 된다. 왜냐하면 인간사는 남과의 주고받음에 따른 상의적 연기관계에 있으므로 조화로운 질서가 중요기 때문이다. 그래서 자유는 질서를 전제로 하고 이루어져야한다는 것이다. 그런데 오늘날 우리 사회에는 무절제한 자유는 많으나 이것에 밀려서 지켜야 할 질서는 숨어버리고 말았다. 그런데도 자유민주주의 국가라 한다. 자유는 절제와 통제 속에서 잉태되어 나와야 진정한 자유가 된다.

나의 청춘은 구름 한 점 없는 하늘과 같이 아주 깨끗하게 개어 있다. 위대해지고 싶다든가 부자가 되고 싶다는 것은, 거짓말을 하고, 머리를 숙이고, 아첨을 하고, 속이고 할 것을 스스로 결심한 것과 다를 것이 없지 않는가. [발자크: 프랑스 작가]

위대해지고 부자가 되고자 하면 거짓말을 하고, 머리를 숙이고, 아첨하며, 속여야 한다. 일단 위대해 지고 부자가 되면 자기가 잘났다는 생각, 남보다 낫다는 생각, 오래 살고 싶다는 생각, 중생의 얕은 생각 등의 사상四相이 솟아나고, 이제는 남으로 하여금 자기에게 머리를 숙이고, 아첨하도록 할 것이다. 이런 염오심은 깨끗했던 청춘시절을 먹구름으로 뒤덮고 말 것이다. 인생이 깨끗하고자 하면 청정한 마음을 지니고 사상四相도 없고, 탐욕도 없는 삶이라야 한다.

부귀한 처지에 있을 때에 마땅히 빈천함의 고통을 알아야 하고,
젊을 때 모름지기 노쇠함의 괴로움을 생각해야 할지니라. [채근담]

좋은 처지에 있을 때 나쁘고 고통스러움을 미리 알아야하고, 젊었을 때 노쇠함의 괴로움을 미리 알아야 한다. 인생이란 항상 같은 것만이 아니라 변하며 늙어가는 것이다.
그래서 행복이 있으면 불행이 있고, 기쁨이 있으면 슬픔이 있게 된다. 그리고 젊어서 올바르게 살고 늙어서 올바르게 죽으려면 젊었을 때 죽음을 올바르게 배워야 한다.

별의 노년기와 쇠퇴기

별이 노년기에 접어들면 역학적으로 더욱 불안정해진다. 왜냐하면 음식을 바꾸어 먹기 시작하기 때문이다. 예를 들어 처음에는 약 1천2백만 도에서 수소라는 양식을 태워 먹으면서 (즉 수소핵 융합반응) 헬륨이라는 찌꺼기를 남긴다. 별의 중심부에서 수소라는 음식이 모두 소진되면 헬륨 찌꺼기만 남게 되면서 에너지를 발생 시키는 에너지원이 사라지게 된다. 그러면 중심부의 온도가 내려가고 압력이 떨어지므로 별 전체가 중심부로 수축하게 된다. 이런 중력수축 과정에서 열이 발생하면서 내부 온도를 상승시킨다.

온도가 약 2억 도에 이르면 3개의 헬륨핵이 융합하여 하나의 탄소핵을 만드는 헬륨핵 융합반응이 일어난다. 즉 헬륨이라는 메뉴의 음식을 만들어 먹게 되는 것이다. 이 때 발생하는 에너지로 별의 수축은 끝나고 오히려 강력한 에너지 방출로 별의 외층이 팽창하면서 별이 커지는 거성 단계로 옮겨간다. 이러한 과정에서 바깥으로 많은 물질 방출이 일어난다.(#8) 이런 현상은 별이 안정을 되찾기 위한 자연적인 현상이다.

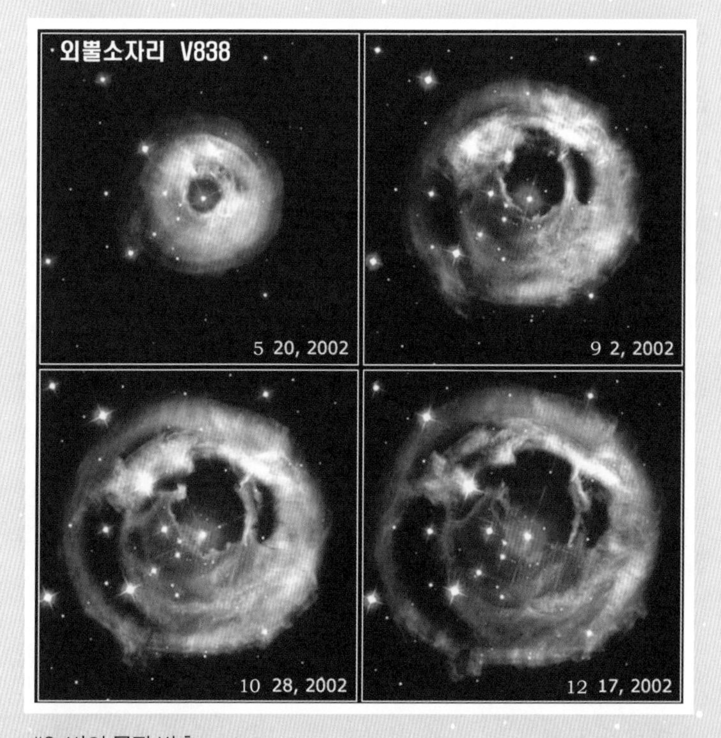

#8. 별의 물질 방출

(a) 외뿔소자리에 있는 V838이란 변광성에서 방출된 물질이 바깥으로 퍼져나가는 모습을 허블우주망원경으로 관측한 것이다.

별에서는 초기의 양식이 일정하게 주어지므로 일생을 살아가는 진화의 경로가 일정하게 결정되어 있다. 즉 별들은 태어날 때 이미 일생의 운명이 결정지어져 있다는 것이다. 그리고 일생을 살아가며 먹어야할 음식의 메뉴도 결정되어 있다. #9는 H-R도에서 별의 초기 질량에 따라서 진화해 가는 경로를 나타낸 것이다. 별들은 늙어가면서 불안정해지므로 팽창하여 붉은 색을 띠는 적색 거성을 이룬다.

별의 노년기와 쇠퇴기의 기간은 일생의 15% 정도로 아주 짧다. 그런데 인간의 노년기는 일생의 1/3 정도로 긴 편이다. 그래서 별과 달리 인간에게는 늙어서 많은 고통이 따르게 된다. 또한 별은 늙어서도 물질을 방출하며 끊임없이 일을 한다. 그런데 인간은 늙으면 사회에서 밀려나 일할 것이 없어지며 또한 병으로 일을 할 수 없게 된다. 이런 점에서 노인문제는 사회문제화 되는 것이다. 인간이 별처럼 살려면 특히 늙어서 노욕과 탐욕을 버리고 별처럼 청정하게 살아야 한다. 별은 육신의 피로를 모르는 데 비해 인간은 늙으면 먼저 육체적 기관이 노쇠해서 쉽게 피로하고 지치게 된다. 그래서 육신의 나약함이나 병은 정신적 불안정을 유발하기 때문에 늙어가며 쇠약해지는 진행 속도가 한층 빨라지게 된다.

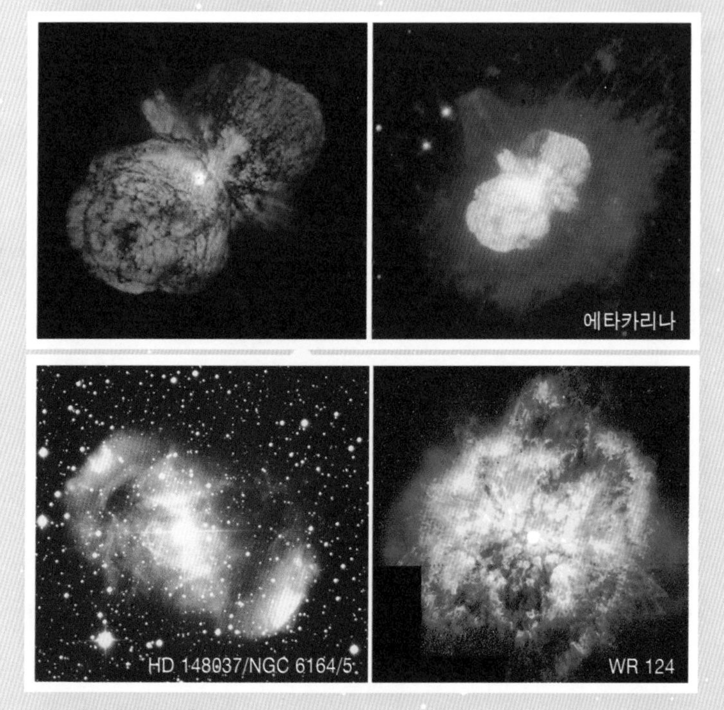

#8. 별의 물질 방출

(b) 무거운 별의 물질 방출 : 10,000광년 떨어진 용골자리에 있는 에타카리나 별은 1843년에는 폭발로 많은 물질을 방출하며 -1등급으로 남반구에서 두 번째로 밝은 별이 되였지만 지금은 7등급으로 어두워진 초신성형 별이다. 이 별의 질량은 태양의 100배 정도이다. 무거운 울프레이 별(HD 148937)에서 방출된 물질이 그 주위에 성운(NGC 6164와 NGC 6165)을 이루고 있다. WR124은 약 15,000광년 떨어진 화살자리에 있는 울프레이 별로써 수만 년에 걸쳐 분출된 물질로 주위에 성운(M1-67)을 이루고 있다.

태양은 질량이 작기 때문에 메뉴가 수소 음식과 헬륨 음식, 두 종류뿐이다. 현재는 수소를 태워먹고 있지만 앞으로 50억 년 더 지나면 헬륨을 태워먹다가 일생을 마치게 될 것이다. 이때쯤이면 태양은 금성 궤도까지 팽창하는 거성이 되어 임종을 맞게 될 것이다.

태양 질량의 약 10배 이상 되는 무거운 별에서는 노년기에 접어들어 다양한 여러 종류의 음식 메뉴를 바꾸어 가며 살아가게 된다. 음식 메뉴가 바뀔 때마다 별은 불안정해지고 또 새로운 메뉴의 음식을 만들 때마다 그 전보다 더 높은 온도가 필요하다. 예를 들어 헬륨이 타고 남는 찌꺼기인 탄소를 태우려면 약 8억 도의 온도가 필요하다.

이와 같이 무거운 원소를 차례로 만들어 가다가 마지막 중심부에 철의 찌꺼기가 남게 되면 더 이상 핵융합 반응이 일어나지 못한다. 왜냐하면 철의 핵을 이루는 핵자들이 워낙 단단히 서로 묶여 있어 이것을 깨트려 더 무거운 핵을 만들 수 없기 때문이다. 이러한 최종 핵융합 과정까지 진화하는 동안 별은 많은 물질을 바깥으로 방출하며 또 맥동 변광도 일으킨다.

무거운 별에서 철이 남고 더 이상 에너지를 생산해 내지 못하면 별의 중심부의 온도와 압력이 급격히 떨어지면서 별 전체의 물질이 안쪽으로 빠르게 끌려들어 가는 중력붕괴를 일

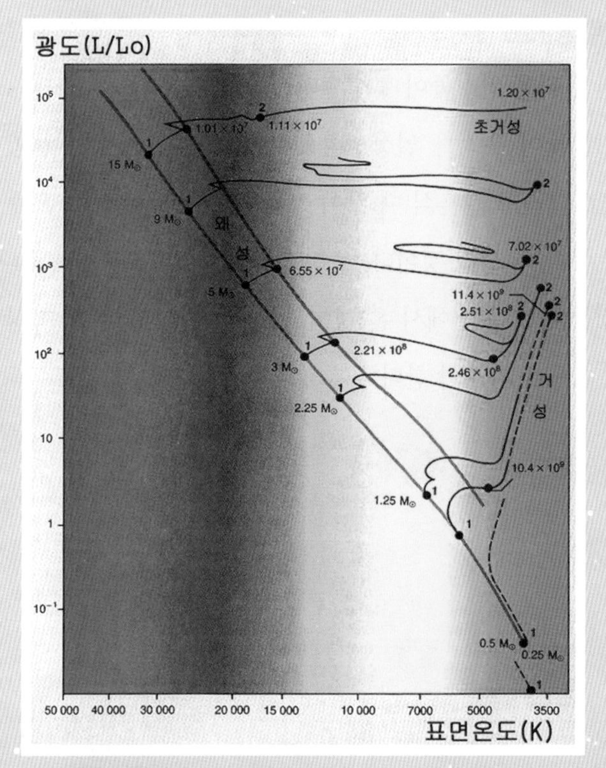

#9. 별의 진화로

주계열성은 표면 온도-광도 상에서 질량에 따라 진화의 경로가 달라진다. 태양 질량보다 큰 별은 오른쪽으로 진화하며 표면 온도의 변화를 크게 일으키지만 질량이 작은 별은 주로 표면 온도보다 밝기가 많이 변하는 진화 경로를 따른다.

으킨다. 이 때 별은 초신성으로 폭발하면서 밝기가 수억 내지 수십억 배 밝아진다.

그리고 폭발 때 생기는 아주 높은 고온과 고압 하에서 철보다 더 무거운 원소들이 형성된다.

예를 들어 우리가 일상생활에서 많이 쓰는 구리, 아연, 수은, 납, 그리고 결혼식 때 많이 쓰는 금, 은, 백금 등도 모두 초신성 폭발 때 생긴 것이다. 우리가 장신구로 많이 걸치고 다니는 것들이 모두 별에서 온 것이므로 우리는 별들에게 항상 감사한 마음을 가져야 한다.

사색하고 관찰하며 탐구하는 인생은 본래 최고의 것입니다. 그러나 그와 같은 인생은 꽤 나이를 먹고 난 후가 아니면 완전히 즐길 수가 없습니다. [K.W. 훔볼트: 독일 철학자]

젊었을 때는 인생을 보는 시야가 좁다. 나이 들면서 인생의 시련을 겪는 과정을 통해서 세상에 대해 사색하고 관찰하며 탐구하는 범위가 넓어지는 것이다. 즉 늙어지면 세상을 보는 마음의 눈이 깊고 넓어지게 되는 것이다. 물론 누구나 늙으면 모두 이렇게 된다는 것은 아니다. 오직 최선을 다해서 노력하고 정진하는 자만이 깊이 사색하고 탐구하는 넓은 정신을 얻을 수 있는 것이다.

대인이란 그의 어린 아이 때의 마음을 잃지 않은 사람이다.

[맹자: 중국 유교 사상가]

큰 인물이란 어린 아이처럼 순수하고 깨끗한 마음을 지닌 자이다. 즉 대인은 번뇌 망상을 일으키는 생동심을 여의고 청정한 근본심 즉 깨달은 마음을 지닌 자이다.

세상이 괴롭다고 사람을 피하는 것은 깨달은 사람이라고 할 수 없다. 생활이란 본시 사람 속에 있는 것이다. 먼지 많은 거리에 있으면서 그 먼지에 물들지 않는 것이 진정 깨달은 사람이다. 연꽃은 진흙 속에 있으면서 그 아름다움은 변치 않는다. 속俗에 있으면서 속되지 않은 것이 중요하다. [채근담]

시끄러움 속에서 고요를 찾고, 먼지 많은 속에서 먼지에 물들지 않고, 진흙 속에서 청결함을 찾을 때 우리는 깨달은 사람이라 한다. 소위 세속에 살면서 세속에 물들지 않고 진리를 따라 사는 사람이 되어야 한다.

인간의 위대함은 자기 자신의 보잘 것 없음을 깨닫는 점에 있다.

[파스칼: 프랑스 과학자, 사상가]

인간이 이성을 가진 동물로서 우주에서 가장 위대한 만물의 영장이라고 스스로 자랑한다면 우주 속에서 인간은 스스로의 멸망을 초래할 것이다. 그러나 수많은 생명체가 존재하는 대자연 앞에서 인간은 보잘 것 없는 존재로 깨닫고 겸손하게 대자연과 공존 공생해 간다면 오히려 인간의 위대함을 보일 수 있다는 뜻이다.

위대한 사상은 반드시 커다란 고통이라는 밭을 갈아서 이루어진다. 갈지 않고 둔 밭에서는 잡초만 무성할 뿐이다. 사람도 고통을 겪지 않고서는 언제까지나 평범하고 천박함을 면치 못한다. 모든 고난은 차라리 인생의 벗이다. [칼 힐터: 스위스 사상가]

비가 온 뒤에 땅이 단단히 굳듯이 고통과 고난은 삶의 영양제이다. 이것이 없다면 인간은 천박해지고 꿋꿋하게 살아갈 수 있는 힘을 얻을 수 없다. 그러므로 인간의 삶에서 고통이나 고난은 결코 피해갈 수는 없는 인생의 벗인 것이다.

등산의 기쁨은 상봉을 정복했을 때 가장 크다. 그러나 나의 최상의 기쁨은 험악한 산을 기어 올라가는 순간에 있다. 길이 험하면 험할수록 가슴이 뛴다. 인생에 있어서 모든 고난이 자취를 감췄을 때를 생각해 보라. 그 이상 삭막한 것이 없으리라. [니체: 독일 철학자]

등산의 기쁨이 산정에 오르는 데 있듯이 인생의 기쁨도 최정상으로 올라가는 과정에 있다. 이 과정에서 고통과 고난이 따르고 이로부터 진정한 삶의 의미를 찾을 수 있다. 고난과 고통이 없는 평탄한 여정은 얼마나 지루하고 삭막한 것인가!

별의 임종과 잔해

별에서 음식을 더 이상 만들어 먹을 수 없는 단계에 이르는 것이 임종의 단계이다. 별의 중심부에서 음식을 만들지 못하면 에너지를 방출할 수 없으므로 중심부의 온도와 압력이 급격히 떨어진다. 그러면 별 전체가 빠르게 수축붕괴하면서 불안정이 증폭되고 많은 양의 물질이 바깥으로 방출된다.

태양의 약 5배 이하인 작은 별에서는 임종 때 물질 방출로 별 주위에 행성상 성운을 만들고 중심부에 초고밀도의 백색왜성(밀도는 각설탕 크기의 질량이 수십 톤에 해당함)을 남긴다.(#10)

태양 질량의 5배에서 10배되는 별은 임종 때 급격한 중력 붕괴를 일으키면서 신성新星이나 초신성超新星이 되어 수천 배 내지 수십억 배 이상 밝아지며, 중심부에 초고밀도의 중성자 별(밀도는 각설탕 크기의 질량이 수천 톤에 해당함)을 남긴다. 특히 중성자 별 중에서 강한 자기장을 가지고 고속으로 회전하는 천체를 펄사Pulsar라 부른다.

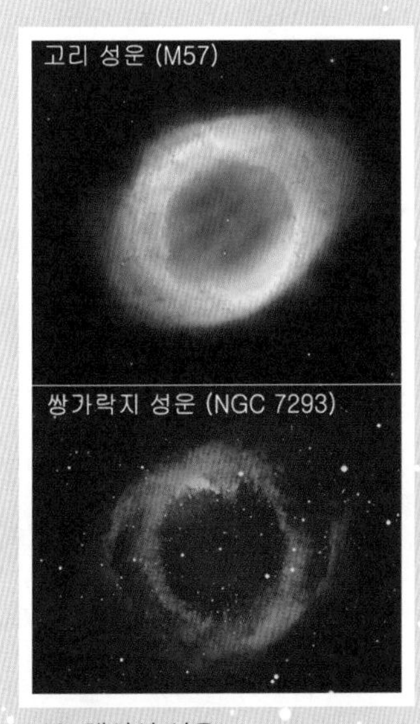

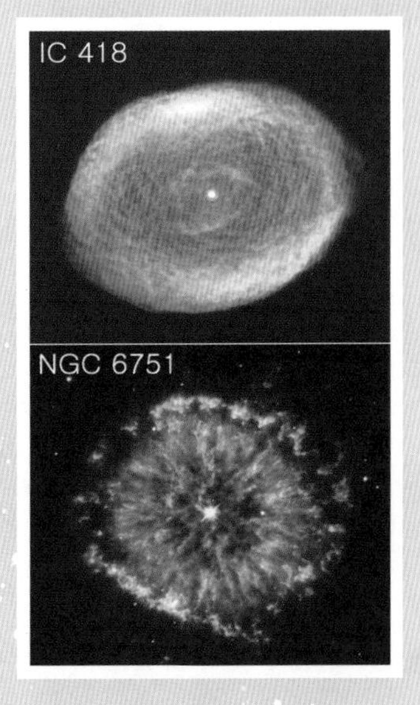

#10. 행성상 성운

고리 성운(M57, NGC 6720)은 2,300광년 떨어진 거문고자리에 있는 고리 모양의 행성상 성운으로 중심부에 있는 수만 도의 고온의 별에서 방출된 물질이 밖으로 팽창하고 있다.

쌍가락지 성운(NGC 7293)은 약 450광년 떨어진 물병자리에 있는 행성상 성운으로 두 개의 가락지 모양을 이룬다고 해서 쌍가락지 성운이라 부른다. 가장 가운데 있는 별은 표면 온도가 수만 도나 되는 백색왜성이다.

IC 418은 2,000광년 떨어진 토끼자리에 있는 행성상 성운이다.

NGC 6751은 6,500광년 떨어진 독수리자리에 있는 행성상 성운으로 중앙에 있는 백색왜성에서 수천 년 전에 방출된 물질이 사방으로 흩어진 것으로 크기는 태양계의 600배 정도이다.

예를 들면 1054년에 중국에서 게자리에서 초신성 폭발이 관측된 기록이 있는데 이 초신성의 잔해에는 강한 자기장을 가지고 1초에 30번 고속 회전하는 중성자성인 펄사가 있다.(#11)

태양 질량의 10배 이상 되는 무거운 별에서는 임종 때 초신성 폭발로 밝기가 수십억 배 이상으로 급격히 밝아지면서 중심부에 초고밀도의 블랙홀(밀도는 각설탕 크기의 질량이 수십억 톤에 해당함)을 잔해로 남긴다.

1987년 2월 23일에 관측된 1987A부르는 초신성은 약 17만 광년 떨어진 우리 은하계에서 가장 가까이 있는 대마젤란 은하(남반구에서 육안으로 관측된다)에서 일어난 현상이다.(#13) 실제로 이 초신성이 폭발할 당시 지구에서는 17만 년 전 호모 사피엔스(두 발로 걷고 도구를 사용한 원류인)가 지상에서 살고 있던 시기였다. 그런데 지상에서 이 초신성의 폭발을 볼 수 있게 된 것은 1987년 2월에 현대의 물질문명을 누리며 살고 있는 우리 인간이었다. 즉 17만 년 전 과거의 빛을 1987년에 보게 된 것이다. 실제로 빛의 속도가 초속 30만 km로 유한하기 때문에 하늘의 모든 별을 보는 것은 과거의 빛을 현재에 보고 있는 셈이다.

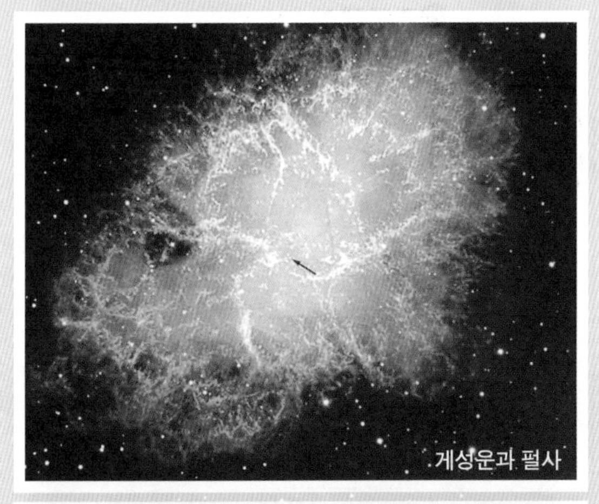
게성운과 펄사

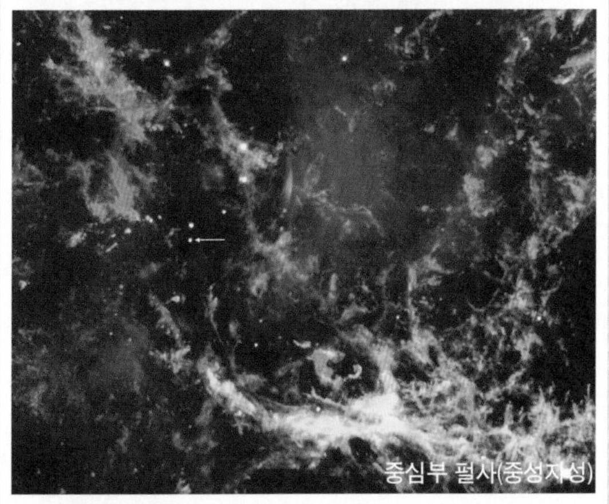
중심부 펄사(중성자성)

#11. 게성운과 펄사

1054년에 6,500광년 떨어진 황소자리에서 폭발한 초신성의 잔해(M1, NGC 1952)이다. 이 속에 초고밀도의 중성자별인 펄사(화살표)가 남아있으며 이것은 0.0331초의 짧은 주기(1초에 30번 회전)로 고속 회전하며 밝기와 전파의 세기가 변화하고 있다. 아래 그림(중심부 펄사)은 허블우주망원경으로 찍은 게성운 중심부의 모습이다.

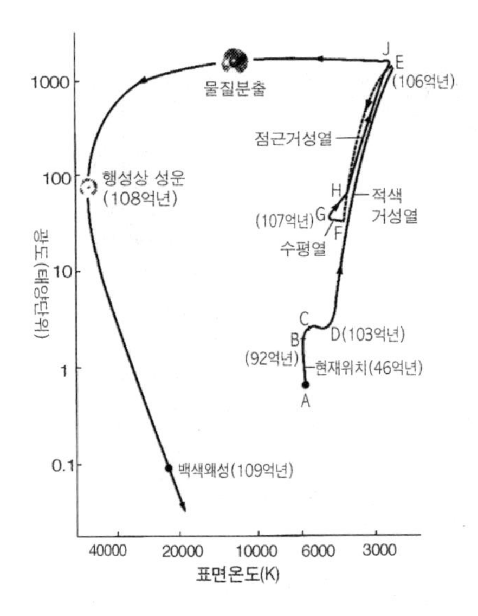

#12. 태양의 진화로
현재 정상적인 수소핵 융합반응을 일으키는 태양이 늙어가면서 일생을 마치는 과정을 표면 온도-광도 상에서 보여주는 진화 경로이다. 색은 청색 쪽으로 갈수록 태양의 표면 온도는 높이진다. 광도는 현재 태양 광도를 단위로 했다.

#12는 현재 정상적인 수소핵 융합반응을 일으키는 태양이 늙어가면서 일생을 마치는 과정을 표면 온도 - 광도 상에서 보여주는 진화 경로이다. 나이가 92억년이 되면 노년기로 접어들고, 나이가 106억년이 되면 태양은 거성이 되어 금성 궤도까지 팽창할 것이다. 그 후에는 중심부에서 헬륨핵 융합반응을 하며 매우 빠르게 늙어간다. 나이가 107억년이 지나면 80%의 물질을 바깥으로 방출하며 행성상 성운을 이루며 중심부에 백색 왜성이 남게 된다. 이것도 서서히 빛을 잃어가다가 1억 년 이상 지나면 완전히 식어서 빛을 내지 못하는 암체로 되어 은하계 공간을 떠돌아 다닐 것이다.

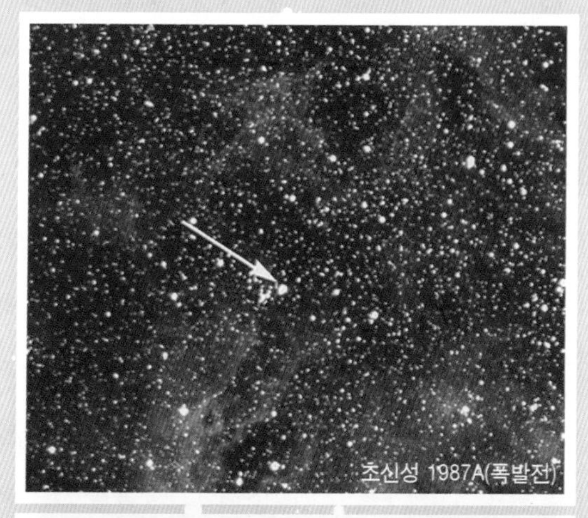

#13. 초신성 1987A

초신성 1987A는 1987년 2월 27일에 지상에서 관측된 것으로 17만 광년 떨어진 대마젤란 은하에서 산두릭크(Sanduleak) - 62° 202라는 별(화살 표)이 초신성으로 폭발하면서 태양 밝기의 약 10억 배까지 증가했다.

물론 지구도 이 암체 주위를 계속 돌면서 암흑 속에서 운명을 같이 할 것이다. 그리고 지난날의 찬란했던 역사를 지닌 채 지구는 거대한 돌덩이에 불과한 천체로 남게 된다.

인간은 임종을 어떻게 맞이할까? 별은 태어날 때 이미 정해진 시기에 임종을 맞이한다. 인간의 일생의 과정은 정해진 것이 없기 때문에 사람마다 임종을 맞이하는 시기와 상태가 다를 것이다. 오래 살고자 하는 수자상壽者相을 강하게 가진 자는 죽음을 맞이하면 두려워하며 괴로워할 것이고, 수자상을 여읜 사람은 이미 생사를 초월했으므로 죽음을 조용히 받아드릴 것이다. 인간의 삶이란 태어나는 순간부터 죽음으로 진행해 가고 있는 과정이다. 그러므로 올바르게 살아가려면 올바르게 죽는 법을 젊어서 먼저 잘 배워야한다. 그래야만 생사를 초월할 수 있게 된다.

도스토예프스키는 죽음에 대해 이렇게 말했다. "사람은 물욕에 집착이 심하면 심할수록 약해진다. 그리고 스스로 결박한다. 언제든지 죽음의 준비가 되어 있는 사람만이 참된 자유인이다. 이미 죽음의 위협에서 벗어난 사람은 아무도 그를 노예로 할 수 없고 그 어느 것도 그를 결박하지 못한다."

『법구경』에서 이르기를

"젊었을 때 수행하지 않고
재보(財寶 · 道)를 얻어 놓지 못한 사람은
고기 없는 못가의 늙은 백로처럼
쓸쓸히 죽어 갈 것이다.

젊었을 때 수행하지 않고
재보를 얻어 놓지 못한 사람은
부러진 활처럼 쓰러져 누워
부질없이 지난날을 탄식 하리라."

라고 했다. 별은 죽으면서 물질을 방출하고 초고밀도의 잔해를 남긴다. 인간은 죽으면서 무엇을 남기는가? 남기는 것은 차가운 육신뿐이다. 이것이 한줌의 재나 흙으로 바뀌어 다음 생명이 탄생하는 씨앗의 역할을 한다. 이 경우는 별에서 바깥으로 방출된 물질의 잔해에서 새로운 별들이 탄생되는 것과 같은 이치이다.

따라서 별이나 인간이 죽어도 영원히 죽는 것이 아니다. 왜냐하면 별이나 인간을 이루는 청정심을 지닌 물질은 사라지지 않고 계속 순환하기 때문이다. 그러니 누구나 죽음을 슬퍼하거나 두려워할 필요가 없다. 만약 우주 만물의 소멸과 죽음이 없다면 우주에서 새로운 생명의 탄생은 존재할 수 없게 될 것이다.

가장 좋은 것은 아예 태어나지 않는 것이다. 죽음, 그것은 길고 싸늘한 밤에 불과하다. 그리고 삶은 무더운 낮에 불과하다. [하이네: 독일 시인]

삶이란 무더운 낮처럼 힘든 것이며, 죽음은 어둡고 차가운 밤처럼 두려운 것이다. 그러므로 이런 경험을 하지 않으려면 처음부터 태어나지 않는 것이 가장 좋다는 것이다. 그러나 어느 누가 태어나고 싶어서 태어나는 것이 아니다. 자신도 모르게 이 세상에 던져 지는 것이다. 그러니 삶이 고통이 있든 기쁨이 있든 이에 연연할 필요가 없다.
또한 고통이 특별한 것이 아니며 고통이 있기에 기쁨이 있는 것이다. 이런 고통에서 얻어지는 기쁨을 맛보고자 한다면 한번 밖에 태어나지 않는 탄생의 위대함(천상천하 유아독존)을 잊지 말아야 한다.

사람은 물욕에 집착이 심하면 심할수록 약해진다. 그리고 스스로 결박을 한다. 언제든지 죽음의 준비가 되어있는 사람만이 참된 자유인이다. 이미 죽음의 위협에서 벗어난 사람은 아무도 그를 노예로 할 수 없고 그 어느 것도 그를 결박하지 못한다. [도스토예프스키: 러시아 작가]

삶과 죽음은 같은 것이다.

즉 삶이 있기에 죽음이 있고, 죽음이 있기에 삶이 있는 것이다. 삶이 두렵지 않다면 죽음도 두려워 할 것이 아니다. 이처럼 죽음을 초월한 사람은 두려움의 굴레를 벗어난 자유인이다. 이런 자유인이 되기 위해서는 물욕과 탐심이 없는 청정한 마음을 지녀야 한다.

별의 삶은 자연의 섭리를 따른다.

chapter 2. 별과 진리

별은 물질 방출로 마음을 비운다

별은 태어나 진화하는 동안 불안정하면 안정을 찾기 위해 물질을 바깥으로 방출한다. 그러다가 임종을 맞게 되면 한꺼번에 많은 양의 물질을 방출한다. 그래서 별들은 일생을 통해서 초기 질량의 80% 이상을 바깥으로 방출한다. 물질 방출은 자연의 섭리이며, 이러한 물질 방출이 있기 때문에 다음 세대의 별이 탄생할 수 있는 것이다. 그래서 항상 우주를 밝혀간다.

그럼 인간은 무엇을 방출하는가? 인간은 나에 대한 강한 집착인 아집我執과 외부 대상에 대한 강한 집착인 법집法執을 지니고 있다. 이 모든 것이 탐욕과 갈애渴愛에서 일어나는 것이다. 별의 물질 방출은 임종 때 옷을 벗는 것에 해당한다. 때가 되면 어김없이 옷을 벗는다. 이 옷을 받아 입을 자는 다음 세대에 탄생할 별들이다. 인간은 살아가면서 얼마나 마음의 때를 벗고 또 물질의 옷을 벗는가? 우리는 세속에서 때 묻은 마음의 옷을 벗고 또 가진 것을 남에게 베풀고 마음을 비워 청정심을 밖으로 들어내면서 이에 따라 행하도록 해야 한다.

흑씨범지가 오동나무 꽃을 나무째 뽑아 양손에 한 자루씩

들고 와서 세존께 공양했다. 세존이 범지를 보고 말했다.

"놓아라!"

범지가 바른손의 나무를 내려놓자 세존이 다시 말했다.

"놓아라!"

범지는 왼손의 나무를 내려놓았다. 그런데도 세존이 말했다.

"놓아라!"

범지는 의아해서 물었다.

"세존이시여, 이제 내려놓을 것도 가진 것도 없사온데 다시 무엇을 놓으라 하시나이까?"

세존께서 말씀하셨다.

"선인아. 나는 네게 그 꽃을 놓으라 한 것이 아니라, 너 마땅히 밖으로 육진(색, 성, 향, 미, 촉, 법)과 안으로 육근(안, 이, 비, 설, 신, 의)과 중간의 육식(안식, 이식, 비식, 설식, 신식, 의식)을 일시에 놓으라고 말한 것이다. 다시 더 가히 버릴 것이 없게 되면 이곳이 곧 네가 생사에서 벗어나는 곳이다."

여기서 '놓아라' 라는 것은 흑씨범지의 때 묻은 염오染汚의 마음을 비우라는 뜻이었다. 별은 내려놓을 것이 없다. 그러나 인간은 항상 내려놓을 것을 지니고 살아간다. 어쩌면 죽을 때까지 이것을 가지고 가는 것이 인생일 것이다. 그러기에 수행이 필요 없는 별과 달리 인간은 항상 수행하는 마음과 자비롭게 실천하는 행동으로 살아가야 한다.

별처럼 살려면 우리는 때맞추어 때 묻고 탁한 염탁染濁의 마음을 비우고 또 비우는 수행을 계속 닦아 가야한다. 별의 물질 방출이 다음 세대의 생명의 씨앗이 되듯이 인간도 번뇌 망상의 마음을 비움으로써 연기적으로 상호 연관성을 지니고 있는 이웃을 이익 되게 하는 요익중생饒益衆生의 길을 걸어갈 수 있는 것이다. 이것이 바로 대승大乘이란 큰 수레를 함께 타고 가는 보살(깨달음에 이르고자 수행하며 힘쓰는 사람)의 정신인 것이다.

인간은 더 많이 가지고 또 더 좋은 것을 가지고자 하는 욕심을 지니고 있다. 별의 경우는 질량을 더 많이 가질수록 더 많은 빛을 발생하며, 더 빨리 죽어 다음 생의 씨앗이 된다. 인간의 경우는 더 많이 가질수록 이것을 지키기 위한 번뇌 망상의 염오의 생동심이 더 강해진다. 그래서 이것이 궁극에는 인간을 파멸로 이끌어 가며 나아가 이웃을 괴롭히게 된다.

즉 별의 삶은 자연의 섭리를 무위적(작위 함이 없는 것 같으면서 작위 함이 있는 것)으로 따른다. 인간의 삶이 이런 섭리에 거역한다면 그에 상응하는 과보果報를 받기 마련이다. 물질문명에 찌든 현대 인간은 마음속의 때를 '비우기' 싫어하고, '쥔 것을 놓기' 싫어한다. 두더지처럼 땅 속만 파서 보금寶金을 취하려 하지 말고 잠시라도 하늘을 응시해보라. 그 곳에 반짝이는 별들이 있고, 거기에 우주의 진리가 펼쳐져 있다. 이에 대한 이야기가 칸트의 『실천이성비판』에서 다음과 같이 표현되고 있다.

"조용하게 깊이 생각하면 할수록 더욱더 언제나 새롭고 그리고 고조되는 감탄과 숭엄한 감정으로 마음을 채우는 것이 둘 있다. 그것은 내 위에 있는 별이 빛나는 하늘과 내 안에 있는 도덕률이다."

인간의 도덕률은 탐욕으로 가득 찬 인간 세상을 다루는 법으로서 청정한 하늘의 섭리와 똑같을 수는 없다. 그렇지만 인간 세상을 다스리는 도덕률의 근본은 적어도 별들이 있는 하늘의 이법理法을 벗어나서는 안 된다는 것이 칸트의 뜻이다. 오늘날 우리는 칸트의 묘비에 쓰인 이 글을 얼마나 깊이 생각하며 또 실천하고 있는가? 인공지능을 가진 로봇에는 관심이 있어도 우주의 섭리와 도덕률의 관계에 대해서는 전연 관심을 두지 않는 것이 현실이다. 때 묻은 마음을 깨끗이 할 생각은 없이 우주여행에는 지대한 관심을 가지는 것이 현대인이다.

마음 집중은 죽음을 벗어나는 길

마음 집중이 되어있지 않음은 죽음의 길

바르게 마음이 집중된 사람은 죽지 않는다.

마음이 집중되지 못한 사람은 죽은 사람과 같다. [법구경]

마음 집중은 선정(禪定:마음의 번뇌를 가라앉히는 것)에 이르는 길이다. 마음이 집중되지 않으면 홍분되고 들뜨게 되어 바른 일을 하기가 어렵게 된다. 그래서 올바른 사람으로서의 사고와 행동을 못하게 됨으로 죽은 사람과 같다는 것이다.

기다려야 한다는 것, 인내를 가져야 한다는 것, 귀를 기울어야 한다는 것을 그는 강으 로부터 배웠다. [헤르만 헤세: 독일 시인, 소설가]

싯다르타(석가모니)는 해탈(번뇌의 속박을 벗어나 자유로운 경지에 이르는 것)의 세계가 있는 강 건너 피안에 이르기 위해서는 인내를 가지고 귀를 기울이며 기다려야 한다는 것을 깨달았다는 것이다.

분노를 포기하라.

자만심을 버려라

모든 집착으로부터 벗어나라

몸과 마음에 집착이 없는 자는 고통의 불행에 떨어지지 않는다. [법구경]

분노와 자만심을 버리고, 모든 집착에서 벗어난다면 고요하고 평온한 마음을 지니게 되므로 어떠한 고통이나 불행에 떨어지지 않는다. 즉 탐하고 분노하며 어리석음을 버리고, 자신에 대한 집착我執이나 외부 대상에 대한 집착을 버리면 그는 깨달음에 이를 수 있다.

부족한 것은 소리를 내지만 그러나 가득 차게 되면 조용해진다.

어리석은 자는 물이 반쯤 담긴 물병과 같고 지혜로운 이는 물이 가득 담긴 연못과 같다. [숫타니파타]

빈 수레가 요란하듯이 부족한 것은 시끄럽지만 가득 찬 것은 그 무게 때문에 조용하다. 이와 같이 어리석은 자는 말은 많지만 행함이 바르지 못하고, 지혜로운 자는 물이 가득 담긴 연못과 같아 마음이 깊고 넓어서 말은 적어도 행함이 바르다.

욕심이 없는 마음은 고요한 못물과 같다. 그러나 그 마음속에 욕심이 일면 한담寒潭에 물이 끓어오르는 것과 같으니 울한 산림이 있어도 정숙을 느끼지 못한다. 마음을 비워서 한 점의 욕념慾念도 없애버리면 한여름 무더위 속에서도 청량한 기운이 절로 생기고 차마車馬소리 시끄러운 시가에 있을 지라도 그 시끄러움을 모른다. 왜 그러하는가 하면 소인의 마음은 그 경우에 따라 여러 가지로 변하지만 달인達人은 마음으로써 경우를 전변시키기 때문이다. [채근담]

마음을 비우면 외부 대상에 매이지 않으므로 집착과 욕심이 없어진다. 이러한 경지에서는 시끄러움 속에서도 고요함을 느끼며 한 여름의 더위에서도 청량함을 느낄 수 있는 것이다. 이처럼 깨달은 달인은 스스로 마음을 잘 다스려 언제나 고요하고 청정한 경지에서 지낸다. 그러나 소인은 외부 대상에 얽매여 집착과 욕념을 벗어나지 못한다.

당신이 슬프고 또는 괴로운 일에 부닥쳤거든 다음과 같이 생각하라! 지금 일어나고 있는 괴로운 일들은 앞으로도 있을 것이며, 나뿐만 아니라 다른 사람들도 당하고 있는 일이다. 또 이렇게 생각하라! 그와 같은 일들은 오늘 처음 있는 괴로움이 아니고 과거에도 있었던 것이며, 지금은 다 잊어버리고 무관심하게 되었을 뿐이라는 것을… 당신을 지금도 괴롭히고 슬프게 하고 있는 이들은 하나의 시련이라고 생각하라. 쇠는 갈아야 굳어진다. 당신도 지금의 그 시련을 통해서 더 굳은 마음을 얻게 되리라. [A. 아우구스티누스: 로마 철학자, 사상가]

인생에 있어서 고통이나 슬픔은 누구에게나 있는 것이며, 또 과거에도 있었고 미래에도 있을 수 있는 것이다. 인간은 이러한 과정을 거치면서 더욱 단단하게 굳어지고 강해지면서 기쁨과 행복을 맛볼 수 있는 것이다. 결국 고통이나 슬픔은 즐거움이나 환희와 함께 우리가 살아있다는 증거를 보이는 것으로 인생을 떠나서는 존재할 수 없는 것이다.

별은 잘난 채 하지 않는다

탐진치 삼독이 없는 별의 마음은 청정한 마음이지만 인간의 마음은 이러한 청정심이 탐진치 삼독으로 둘러 싸여있다. 그래서 인간은 별과 달리 다양하고 복잡한 마음을 가지게 된다. 그 대표적인 것이 사상四相이다.

즉 고정된 실제의 내가 없는 데도 변치 않는 자아自我가 있다고 생각하는 아상我相, 나라는 자아에 집착하여 내가 잘났다고 생각하며 또한 다른 생명체보다 우월하다고 생각하는 인상人相, 대중 · 사회 · 인류 등에 대한 관념으로 집단적 심리작용인 중생상衆生相, 일정한 수명이 있지만 가능한 오래 살고 싶은 수자상壽者相 등이 있다.

특히 아상은 나我라는 집착을 벗어나지 못하며, 인상은 내가 잘났기에 남을 업신여기며, 중생상은 자신의 목적의식을 잃고 대중의 심리에 쉽게 동요되어 따라가며, 수자상은 생사를 지나치게 구별 지으며 죽음을 두려워한다. 일상생활에서 이러한 생각 때문에 더럽고 오염된 염오의 생동심이 생겨 번뇌 망상을 일으키게 되는 것이다.

인간의 번뇌 망상은 앞서 살펴본 탐진치 삼독과 아상, 인상, 중생상, 수자상이라는 네 가지 사상四相에서 일어난다. 별은 삼독도 없고 사상도 없다.

즉 무거운 별은 빛을 많이 내므로 가벼운 별보다 더 밝다. 그렇다고 해서 밝은 큰 별이 어두운 작은 별을 무시하지 않으며, 또한 오래 사는 가벼운 별이 일찍 죽는 무거운 별을 얕잡아 보지도 않는다. 또한 나이 많은 별과 나이 적은 여러 종류의 별들이 섞여 있지만 서로가 잘났다고 뽐내지 않고 조화로운 연기관계를 유지하며 지낸다. 이처럼 별들은 각자가 태어난 데로 자신이 해야 할 일을 하면서 조용히 일생을 보낼 뿐이다. 그러므로 별에서는 번뇌 망상을 일으키는 삼독과 사상이 존재할 수 없다.

인간도 삼독과 사상을 여읜다면 별처럼 청정한 마음으로 일생을 살아갈 수 있는 것이다. 이런 점에서 인간의 삶의 진정한 가치는 나라는 존재는 항상 변하므로 고정된 실체가 없다고 보고, 남과 나를 분별치 말고 항상 나를 낮추고, 복잡한 염오의 마음을 비우며, 생사를 초월토록 해야 한다. 그러기 위해서 가능한 삼독과 사상을 여의도록 꾸준히 노력하며 수행해야하는 것이다.

『금강경』에서 이르기를

"어찌한 까닭이냐? 수보리야, 내가 옛적에 가리왕(인도의 고대 우주관에서 타락한 깔리유가시대의 사악한 왕)에게 몸을 베이고 끊임을 당하였을 적에 내가 저때에 아상이 없었으며 인상이 없었으며 중생상이 없었으며 수자상도 없었느니라. 왜냐하면 내가 옛적에 마디마디 사지를 찢기고 끊일 그때에 만약 나에게 아상과 인상과 중생상과 수자상이 있었던들 응당 성내고 원망하는 마음을 내었느니라.

수보리야, 또 여래가 과거 오백세 동안 인욕 성인이 되었을 때를 생각하니 저 세상에서도 아상이 없었고 인상도 없었고 중생상도 없었고 수자상도 없었느니라.

이 까닭에 수보리야, 보살은 응당 일체 상을 여의어 아뇩다라삼먁삼보리심(위없이 바른 평등과 바른 깨달음의 마음)을 발할지니 마땅히 형상에 머물러 마음을 내지 말며, 성(소리)・향(향기)・미(미각)・촉(촉감)・법(대상)에 머물러 마음을 내지 말고 응당 머문 바 없는 마음을 낼지니라."

라고 했다. 여기서 과거세에 세존이 생사를 초월하여 사상을 여의는 인욕바라밀(인내의 완성)을 보이며, 그리고 사상을 여읨으로서 깨달음에 이르지만 깨달음을 지향하는 마음도 집착이므로 이것마저 여의도록 강조하고 있다.

장자는 이런 말을 했다.

"스스로 자기의 공을 자랑하는 사람은 도리어 공이 없고,
공을 이루고도 물러가지 않는 사람은 반드시 실패하며,
이름을 떨치고도 거기에 머물러 있는 사람은 반드시
어지러워진다."

사람은 높은 자리에 오르거나 공을 세우면 우쭐대면서 그 상태를 오래 동안 유지하고자 한다. 그런데 오르면 내려오는 것이 도리이고, 쌓은 것은 무너지기 마련이니 나중에 편하고자 한다면 스스로 빨리 물러날 줄 알아야 한다. 그렇지 않으면 자신이 잘났다는 탐욕 때문에 모든 노력과 공이 허사가 되고 만다.

자연은 절대로 우리들을 속이지 않는다. 우리들 자신을 속이는 자는 언제나 우리들이다. [루소: 프랑스 사상가, 문학자]

자연은 무위적으로 흘러간다. 그러나 지혜를 가진 인간은 언제나 유위적 조작을 통해 자신에게 유리한 쪽으로 끌고 간다. 그러므로 자연은 인간을 속이지 않는데 인간 스스로가 자신을 속이는 것이다.

총명한 사람이 되려면 합리적인 질문을 할 줄 알아야하며, 조심성 있게 듣고 침착하게 대답하며, 할 이야기가 없을 때는 입을 다무는 법을 터득해야 한다. [라파엘라]

질문을 할 때는 조리 있게 하고, 침착하게 답하며, 질문이 없다면 남의 이야기를 조용히 경청하는 것이 총명한 사람의 도리라는 것이다. 우리가 찾는 진리는 남의 이야기 속에도 들어 있음을 알아야 한다.

자기 자신을 잘 알려거든 남이 하는 일을 주의해서 잘 보라! 다른 사람의 하는 일은 내가 하는 일에 대한 거울이다. 다른 사람을 알려거든 그 사람을 위해 주고, 그리고 그 사람을 이해하려거든 먼저 자기 마음속을 들여다보라. 내가 남에게 원하고 싶은것을 자기가 먼저 베풀도록 하라. [에밀 쉬러: 독일 신학자]

상의적 연기관계에서는 타자他者는 자신의 거울이다.

또한 자신은 타자의 거울이다. 그래서 남이 하는 일을 봄으로써 그 속에서 자신을 비추어 볼 수 있는 것이다. 이런 점에서 남을 이해하려거든 그 사람을 통해서 먼저 자신의 마음을 들여다보아야 하며, 또 내가 원하는 것이 있으면 내가 먼저 남에게 베풀 줄 알아야 한다는 것이다.

그래야만 상호간에 올바른 연기관계가 이루어질 수 있는 것이다.

한 걸음 한 걸음 천천히 걸어도 종국에 도달할 수 있다고 생각해서는 안 된다. 한 걸음 한 걸음 그 자체가 가치가 있어야 한다. 커다란 성과는 조그마한 가치 있는 것들의 축적에 의해 이룩되는 것이다. 값진 성과를 얻으려면 한 걸음 한 걸음이 힘차고 충실하지 않으면 안 된다. [단테: 이탈리아 시인]

한 걸음에 정성을 들이지 않으면 아무리 걸어가도 원하는 목적지에 이를 수 없다. 왜냐하면 양에 의한 질의 변화를 일으킬 만큼 급격한 혼돈이 일어나지 않기 때문이다. 따라서 한 걸음도 최선을 다해서 충실하게 이루어져야만 이것이 쌓여 원하는 목적지에 이를 수 있는 것이다. 즉 매사에 충실하지 않으면 인생의 가치는 상실된다.

진정으로 위대한 인간의 최초의 시련은 그의 겸손이라고 생각한다. [존 러스킨: 영국 비평가, 사회사상가]

겸손은 자기를 낮추는 데서 생긴다. 이러한 태도는 자신이 잘났다는 생각이나 남보다 우월하다는 생각, 그리고 자신에 대한 집착을 버려야 얻어질 수 있는 것으로 많은 수양과 수행에서 얻어질 수 있다.

인생에 있어서 많은 고통을 극복하는 최상의 방법은, 자기의 이익을 아주 적게 생각하는 것이다. [주베르]

고통은 탐욕과 애욕에서 생긴다. 그러므로 이익을 적게 취할수록 탐욕과 애욕이 줄어들고 고통이 사라진다. 내가 이익을 많이 취하면 다른 사람이 그만큼 이익을 적게 얻게 된다는 것을 안다면 어찌 탐심을 고집할 수 있겠는가!

자연은 굳건하다. 그 걸음은 정확하여 예외란 드물고 법칙은 불변이다. [괴테: 독일 문호]

무위적으로 흘러가는 자연은 정확하며 소리 없이 불변의 이법을 따르고 있을 뿐이다. 그래서 자연에 있는 만물은 이런 이법에 따라서 서로 연기관계를 맺으며 진화하고 있는 것이다. 이를 이사무애(理事無碍 : 이법과 사물이 서로 걸림 없이 융화되는 것)라 한다. 그리고 이런 이법에 따라서 사물과 사물, 현상과 현상 사이에 걸림 없이 연기관계를 맺으며 사사무애事事無碍를 이루고 있다.

별에는 고락이 없다

우주 만물은 생성되면 반드시 소멸한다. 그러기에 인간도 태어나면 살다가 죽는다. 이런 삶의 과정은 양식을 바깥에서 구해야 하기 때문에 숱한 고통이 따른다. 그래서 인생은 고苦라고 한다. 그런데 반드시 인생이 고만은 아니다. 바다에 파도가 일면 사라지고, 또 바람이 일면 파도가 생기듯이 인생에도 고통과 즐거움이 늘 서로 바뀌어가면서 나타난다. 마치 낮이 가면 밤이 오고, 밤이 가면 또 낮이 오듯이, 그리고 손등과 손바닥은 서로 반대면서 함께 있듯이 고락苦樂도 함께 동거同居한다. 그러므로 인생을 지나치게 비관적이며 고통스러운 것으로 생각하는 것은 큰 잘 못이다.

『잡아함경』에서 이르기를

"네 가지의 성스럽고 참다운 진리가 있다.

첫째는 모든 것은 괴롭다는 진리요[苦],

둘째는 괴로움의 원인은 번뇌와 갈애의 쌓임에 있다는 진리요[集],

셋째는 모든 괴로움이 소멸된 진리요[滅],

넷째는 괴로움을 소멸시키는 방법의 진리다[道].

이미 모든 것이 괴롭다는 진리를 알고 이해하며,

괴로움의 원인이 번뇌와 갈애의 쌓임에 있음을 알고 끊으며,

괴로움이 소멸된 진리를 알고 증득하며,

괴로움이 사라지는 방법의 진리를 알고 닦았다면,

그런 사람은 빗장과 자물통이 없고,

구덩이를 편편하게 고르고,

모든 험하고 어렵고 얽매이는 것으로부터 벗어났다고 하리라.

그는 어질고 성스러운 사람이라 부를 것이며,

거룩한 깃대를 세웠다고 하리라."

라고 했다.

일반적으로 고통[苦]이 있으면, 이에 대한 원인이 있게 되며 이를 집[集]이라 한다. 이런 고통의 원인(번뇌와 갈애)을 소멸시키는 것을 멸[滅]이라 한다. 고통을 여의는 방법을 도[道]라 한다. 여기서 고집멸도를 사성제四聖諦라 하며, 이 중에서 고통을 멸하는 방법으로 8가지가 있는 데 이를 팔정도八正道라 한다.

예를 들면, 세상을 올바르게 보는 정견正見, 경험한 것을 비추어 올바르게 생각하고 사고하는 정사유正思惟, 말과 글을 올

바르게 쓰는 정어正語, 생활을 올바르게 하며 또 올바른 직업을 수행하는 정업正業, 생활을 올바르게 행하여 바른 삶을 찾는 정명正命, 항상 올바른 법에 따라 노력하며 정진하는 정정진正精進, 올바른 마음가짐으로 수행에 정신을 집중하는 정념正念, 올바른 집중으로 매진하는 정정正定이 있다.

수행의 기본이 되는 팔정도는 크게 3가지로 요약할 수 있다. 즉 정어, 정업, 정명은 지켜야 할 것은 반드시 지키고 금기된 것은 피해야하는 계율戒에 해당하며, 정념과 정정은 마음을 들뜨지 않고 항상 바닥상태에 두는 정定에 해당하고, 정견과 정사유는 외부 반응에 대해서 가장 적은 에너지로 반응하는 지혜로서 혜慧에 해당한다. 그리고 정정진은 계 · 정 · 혜 모두에 적응된다. 계 · 정 · 혜를 삼학三學이라 한다.

계의 중요성은 해서는 안 되는 금기 사항을 엄격히 지키는 것이다. 주어진 집단이나 사회에서 규칙이나 규범 등 도덕률을 철저히 준수하는 것이다. 정은 정신통일로 참선에 관련되는 것으로 언제나 마음을 조용히 바닥에 내려놓고 탐구하는 엄격한 정신통일이다. 혜는 보통의 지혜나 법의 실다운 이법에 계합하는 최상의 지혜 즉 반야般若이다. 삼학에서 계가 지켜지지 않으면 정과 혜도 지켜지지 않고, 또한 올바른 지혜가 없으면 계와 정이 올바르게 이루어질 수 없다.

그리고 삼학 속에는 지적인 지知와 자비에 해당하는 정情이 들어 있다. 그리고 자비는 지에서 나온다. 경에 이르되 "정情이란 다리[足]이며, 지知란 눈[目]이다. 눈만 있고 다리가 없으면 아무 소용없다고 했다." 그러므로 자비에 해당하는 정情은 올바르게 세상을 보는 지성知性이 없이는 불가능하며, 또 이 지성은 수행이란 엄격한 훈련을 통해서 얻어져야 한다. 결국 삼학이 잘 지켜질 때 자비행이 올바르게 이루어질 수 있는 것이다. 그렇지 못한 자비행慈悲行은 한갓 부질없는 동정同情이고 적선積善일 뿐이다.

그럼 별의 사성제는 어떠한 것인가? 별에는 고통이나 즐거움이란 것이 없다. 그러므로 사성제의 고란 단순히 사건event에 해당한다. 사실 인간 사회에서도 고苦와 락樂, 미美와 추醜, 행幸과 불행不幸 등은 일종의 사건에 해당한다. 다만 인간이 각 사건마다 다양한 의미를 부여했을 뿐이다. 이런 사건의 축적이 집이다. 어떤 현상이 계속 누적되어 그 양이 증가하면 어느 단계에서 기존의 질서가 사라진다. 이것이 멸이다. 기존의 질서가 멸하면서 반드시 새로운 질서가 창출된다. 이것이 도이다.

결국 인간과 달리 다양한 감정이 없는 별에서는 고집멸도의 사성제가 사건을 통해서 기존의 질서가 바뀌면서 새로운 질서를 만들어 가는 것으로 볼 수 있다. 이를 위해서 별 스스로는 엄격하게 계·정·혜 삼학을 무위적으로 지켜간다. 즉 자연의 이법에 따른 규칙을 어기지 않으며, 항상 안정된 낮은 에너지 상태에 놓이며 또 외부 반응에 대해서 가장 적은 에너지로 반응하는 최소작용의 원리를 만족해 가면서 새로운 질서를 창출한다. 인간도 별처럼 삼학을 잘 지켜간다면 모두가 깨달음의 경지에 이를 것이다. 그런데 인간의 복잡한 염오의 번뇌 망상이 항상 삼학의 올바른 수행을 어렵게 만든다.

진실로 깨끗한 것은 언제나 더러움에서 나오고 밝은 것은 언제나 어두움에서 생겨남을 알 수 있으리. [채근담]

깨끗함이 없으면 더러움이 없고, 더러움이 없으면 깨끗함이 없다. 마찬가지로 밝음이 없으면 어둠이 없고, 어둠이 없으면 밝음이 없다. 이러한 대립되는 두 가지는 이중적 동거성을 지닌다. 이것이 바로 존재의 의미이다. 그러니 어느 한 쪽에 집착해서는 안 된다.

아름다움에는 추함이 포함되고, 착한 것에는 착하지 않음이 들어 있다. [노자: 중국 성현]

아름다움이 숨으면 추함이 나타나고, 추함이 숨으면 아름다움이 나타난다. 그리고 착함이 숨으면 착하지 않음이 나타나고, 착하지 않음이 숨으면 착함이 나타난다. 이러한 대립적인 두 개념은 언제나 서로가 서로를 포함하면서 하나가 나타나면 다른 것은 나타나지 않는다. 이를 알면 어찌 아름다움이나 착함이 변치 않고 항상恒常한다고 생각할 수 있겠는가!

나는 있는 그대로의 인간을 사랑한다. 온갖 더러움과 악덕, 그것들과 함께 인간을 사랑한다. [사르트르: 프랑스 철학가, 소설가]

인간에게는 선과 악, 아름다움과 추함 등 서로 대립되는 다양한 감정을 가지고 있다. 이 중에서 선이 좋고 악은 나쁘고, 아름다움이 좋고 추함은 나쁘다고 하는 것도 실은 분별심에서 나오는 것이다. 악이 없으면 어찌 선이 있을 수 있고, 또 추함이 없으면 어찌 아름다움이 있을 수 있겠는가? 따라서 선이나 악, 아름다움이나 추함을 서로 분별치 않고 중도中道의 입장에서 현실적인 인간 자체를 사랑해야 한다.

인간에게 있어서 고뇌에 복종하는 것은 치욕이 아니다. 오히려 쾌락에 복종하는 것이야말로 치욕이다.

[파스칼: 프랑스 수학자, 물리학자, 철학자]

고뇌에 복종한다함은 고뇌를 기꺼이 받아드림을 뜻한다. 고뇌는 인간을 고독으로 몰고 감으로 인생을 강하게 만든다. 그러나 쾌락은 인간을 애욕으로 몰고 가기 때문에 불행을 몰고 온다. 그래서 쾌락에 빠지는 것은 치욕적이라고 하는 것이다.

당신은 모든 사람들을 잠시 동안 속일 수는 있다. 그리고 어떤 사람들을 항상 속일 수도 있다. 그러나 모든 사람들을 항상 속일 수는 없다.

[아브라함 링컨: 미국 대통령]

인간은 서로 주고받는 연기적 관계에 있다. 이런 관계에서 남을 잠시 동안 속일 수는 있고 또 항상 속일 수도 있다. 그러나 모든 사람을 자기 뜻대로 속일 수는 없다. 즉 개인이나 작은 집단을 속일 수는 있으나 집단 전체 또는 국민 전체를 항상 속일 수는 없다는 것이다. 이것은 사람들 사이의 연기관계 때문에 거짓이 결코 오래 지속될 수 없다는 뜻이다.

눈물과 함께 빵을 먹는 자가 아니고서는 생의 맛을 알지 못한다. [괴테: 독일 문호]

고난과 고통의 역경을 이겨낸 자가 아니면 인생의 참 맛을 모른다는 뜻이다. 눈물 젖은 빵은 단순한 고통을 넘어 새로운 생명을 잉태 시키는 재료이다. 그러므로 이러한 숭고한 빵을 먹어 보지 못하고 어찌 인생을 이야기 할 수 있겠는가!

별들의 연기관계

거대한 원시 성운이 수축하면서 국부적으로 밀도가 짙은 지역에서 별의 생성이 시작된다. 처음에는 주로 무거운 별이 먼저 탄생한다. 질량이 큰 별일수록 빨리 늙어 죽으면서 다량의 물질을 바깥으로 방출한다. 이때 방출되어 밖으로 밀려나가는 물질은 큰 압력으로 주위에 있는 물질을 밀어내어 서로 모이게 함으로서 성운의 밀도를 높여 새로운 별의 탄생을 촉진시킨다. 이러한 연쇄적 반응으로 별들이 빠르게 생기면서 성단을 이루는 것이다. 이런 과정으로 생기는 별들의 나이 차이는 대체로 천만년 이내이다. 이러한 나이 차이는 성단 내 작은 별의 일생인 수백억 년에 비하면 극히 짧기 때문에 한 성단 내의 별들은 거의 동시에 태어난다고 본다.(#14)

원시 성운의 규모에 따라서 탄생되는 별의 집단이 달라진다. 즉 수십 개의 별로 이루어진 집단을 성협星協이라 하며, 수백 내지 수천 개로 이루어진 별의 집단을 산개 성단 또는 은하성단이라 한다.(#15) 이들은 일정한 형태가 없다. 수백만 개의 많은 별의 집단을 구상 성단이라 하며 구형의 모양을 가

#14. 발광 성운

장미성운(NGC 2237)은 3,200광년 이상 떨어진 외뿔소자리에 있으며, 이 속에는 고온의 젊은 O형 별을 6개정도 가진 산개성단(NGC 2244)이 있다.

삼렬성운(M20, NGC 6514)은 약 3,200광년 떨어진 궁수자리에 있다. 이 성운 왼쪽에서 푸르게 보이는 부분은 짙은 먼지가 빛을 반사시켜 만든 반사 성운이다.

M16(NGC 6611)은 약 6,500광년 떨어진 뱀자리에 있는 독수리 모양을 한 독수리 성운이다. 허블우주망원경으로 찍은 그림(중앙부 가스 기둥)에서 성운의 중심부에는 세 개의 코끼리 코라 불리는 차가운 암흑물질의 영역이 보인다. 왼쪽의 가장 큰 검은 기둥은 길이가 약 1광년이나 된다.

진다.(#16) 한 집단 내의 별들은 독립적으로 존재하는 것이 아니라 서로 에너지를 주고받는 중력적으로 연결된 상호 의존적인 연기관계를 이루고 있다.

이러한 성단은 인간사회의 집단에 해당한다. 그래서 성단의 안정성은 인간사회의 안정성에 해당한다. 성단이 모여 수천억 개의 별로 이루어진 은하는 지역적 사회가 모여 국가를 이루는 것에 해당한다. 가정이 안정되고 사회가 안정해야 국가가 안정하듯이 은하의 안정성도 성단의 안정성에 의존한다. 비록 태양을 비롯한 국부 항성계(태양 주위에 있는 별들의 집단)가 산개 성단이나 구상 성단처럼 별들이 밀집하게 모인 것은 아니지만 국부 항성계도 하나의 집단으로서 공통된 운동을 하며 은하 중심 주위를 돌고 있다.

그래서 은하 내에서 단독으로 돌아다니는 별은 있을 수 없고 모두가 어떠한 집단에 속해 있게 된다. 이런 경우는 인간사회에서도 마찬가지다. 특히 인간의 경우는 양식을 구해야 하기 때문에 연기적 관계를 떠나서는 살 수 없다. 그러므로 만물은 서로 연결된 연기적 고리를 결코 벗어날 수 없다는 것이 자연의 이법 중의 이법이다.

플레아데스 성단(Merope 성운)

#15. 산개 성단

플레아데스 성단(M45, NGC 1432)은 약 410광년 떨어진 황소자리에 있는 나이가 약 7000만 년으로 젊은 성단이다. 이 성단에서 6개의 밝은 별은 육안으로도 쉽게 볼 수 있다.

M80

#16. 구상 성단

M80(NGC 6093)은 28,000광년 떨어진 전갈자리에 있는 백만 개 이상의 작은 별들로 이루어진 구상 성단이다.

『아함경』에서 이르기를

"연기법은 내가 만든 것도 아니요, 다른 사람이 만든 것도 아니다. 그러므로 여래가 세상에 나오거나 세상에 나오지 않거나 법계에 항상 머물러 있다.

저 여래는 이 법을 스스로 깨닫고 바른 깨달음을 이룬 뒤 모든 중생을 위해 분별해 연설하고 이렇게 드러내 보이신다."

라고 했다. 이처럼 연기법은 무시이래로 우주와 함께 존재하는 궁극적 이법이다.

그리고 존재는 연기의 한 양식이다. 즉 연기가 없으면 존재가 없고, 존재가 없으면 연기가 일어나지 않는다. 따라서 우주 만물의 존재는 연기적으로 서로 묶여 있다는 뜻이다. 이것을 우주의 인드라망이라 한다.(인도의 신화에서 힘이 가장 강한 인드라왕의 궁전에 그물을 덮고 그물 코에 보석을 하나씩 다른 것을 인드라망이라 함)

이 세상에서 모든 것은 우주가 생긴 이래 인연에 따라 생겨나고 소멸한다. 소위 우주 만물은 인연의 법칙을 따르면서 진화한다. 그리고 연기란 인연생기因緣生起로 연緣이 되어서 결과를 일으키는 것으로 인연이 일어남을 뜻한다. 그럼 인연이란 무엇인가? 인因이란 결과를 얻을 내부의 직접적인 원인이고, 연緣은 인을 도와 결과果를 낳는 외부의 간접적인 원인이다. 또는 인은 원인이고 연은 조건에 해당한다. 이 조건에 따라서 과果가 생기는 것이다. 즉 모든 현상은 단독으로 존재하는 것이 아니라 둘 이상이 상호 연관된 상태에서 원인이나 조건에 의해서 성립한다는 것이다.

만물은 서로 만나 연기관계를 이루면 주체와 외부 객체 사이에 초기 반응이 일어난다. 이것이 상호관계의 직접적인 원인이 된다. 그러면 이 반응에 따라서 자기제어自己制御와 자기조절自己調節을 한 후에 주체 지향적인 일탈성逸脫性의 자기초월상태超越狀態가 일어난다. 즉 인연을 통해서 좋은 과를 얻기도 하고 또 나쁜 과를 얻기도 하면서 반응 이전과는 다른 상태로 변하게 된다.

성단에서 별들 사이에 일어나는 연기관계는 자연의 이법에 따르는 무위적인 것으로 어떠한 인위적 조작도 없다. 즉 연기적 대상의 구별이 없고, 주고받음에 넘치거나 모자람이 없이 자연의 인연 따라 흐르며 변해갈 뿐이다. 그런데 인간의 경우는 유위적 조작을 통해 자기에게 유리한 방향으로 연기관계를 이끌어가려고 하는 것이 무위적이며 단순한 연기관계를 가지는 별의 경우와 크게 다른 점이다. 그래서 인간사회에서는 연기관계를 통하여 복잡하고 다양한 형태의 번뇌가 일어나게 되고, 이를 여의기 위해서 팔정도에 따른 삼학을 닦아야

하는 것이다. 즉 고통과 즐거움의 결과를 초래하는 유전연기流轉緣起에서 수행을 통해 모든 번뇌를 끊고 깨달음을 얻는 환멸연기還滅緣起로 이어가야 한다.

만물의 연기관계는 모두가 연관된 복수(집합) 개념을 지닌다. 그러므로 어느 한 개체 또는 한 집단의 행복이나 깨달음은 아무런 의미를 지니지 못한다. 왜냐하면 나머지 집단은 아직 그러한 단계에 이르지 못했기 때문이다. 그래서 행복이니 자유니 깨달음이니 하는 것은 전체 집단의 원만한 연기관계에서 달성되어야 한다.

예를 들면 홀로 마음의 신비적 체험을 통해서 깨달음을 얻었다면 이것은 자신의 특수성을 과시하는 아상我相을 초래할 뿐 집단 전체의 연기적 관계와는 무관하다.

영국 철학자 스펜스는 이렇게 말했다. "모든 인간이 자유를 찾을 때까지는 아무도 완전한 자유를 얻을 수 없다. 모든 인간이 도덕적인 사람이 되기까지는 아무도 완전하게 도덕적일 수 없다. 모든 인간이 행복되기 전에는 아무도 완전한 행복을 맛볼 수 없는 것이다." 이것이 바로 집단 전체의 연기관계를 강조하는 것이다.

인간은 강과 같은 것이다. 물은 어느 강에서나 동일한 것으로서 어디에 가도 변함 없지만, 강 그 자체에는 가는 줄기도 있고 급류도 있으며, 또 큰 강도 있고 고요한 흐름도 있으며, 물이 맑은 것도 있고, 흐린 것도 있으며, 찬 것도 있고 따뜻한 것도 있는 것이다. 인간도 바로 그와 같다. [톨스토이: 러시아 작가]

인간은 누구나 인간으로써 동일한 종種이다. 그런데 사람마다 그릇이 다르다. 즉, 그릇이 큰 사람이 있고 그릇이 작은 사람도 있다. 또한 그릇이 깨끗한 경우도 있고 더러운 경우도 있으며, 따뜻한 경우도 있고 차가운 경우도 있다.
이러한 현상은 사람이 태어난 환경이나 살아오는 환경에 따라서 달라지는 것이다. 그러므로 이런 다양성은 특별한 것이 아니라 인간 세상의 보편적 특성이다.

고기는 물을 얻어 헤엄치지만 물을 잊고, 새는 바람을 타고 날지만 바람이 있음을 알지 못한다. 이것을 안다면 가히 외물外物의 얽매임에서 벗어나 하늘의 작용을 즐길 수 있으리라. [채근담]

유의적 행동에는 대상에 대한 집착이 따른다. 그러나 고기가 물을 잊고, 새가 바람을 잊듯이 무위적 마음을 가지면 외부 대상에 얽매임이 없으므로 자연의 이법을 따르며 올바르게 살아갈 수 있게 된다.

사람마다 마음이 하나로 통일되면 모든 행동도 하나로 통일된다. 그러므로 그 행동이 흐트러지지 않는다. [장자: 중국 고대 사상가]

상호 의존적 연기관계에서는 사람마다 마음이 하나로 통일되면 행동도 흐트러지지 않고 하나로 통일될 수 있다. 이럴 때 그 집단은 보편적 특성을 나타내게 되며, 각 개체의 특성은 이 집단의 보편적 특성에 의해 규정되어 지면서 그 집단은 안정된 이완 상태에 이르게 된다. 오늘날 우리 사회가 과연 모든 사람들의 마음이 통일된 이완 상태에 있는가? 만약 그렇지 못하다면 우리는 불안정한 사회 속에서 살아가고 있는 것이다.

당신의 적에게 줄 수 있는 가장 좋은 선물은 용서요,
당신의 친구에게는 당신의 마음이요,
당신의 반대자에게는 관용이요,
당신의 자식에게는 모범이요,
당신의 아버지에게는 순종이요,
당신의 어머니에게는 당신을 자랑스럽게 생각할 수 있는 행동이요,
당신 자신에게는 자존심이요,
인류에게는 사랑이요. [제임스 벨포]

상호 의존적 연기관계에서는 상대방에게 어떠한 피해도 주지 않으면서 용서나 관용, 순종, 사랑 등을 베푸는 것이 중요하다. 내가 남에게 주고 베푼 것에 대한 대가를 받으려 해서는 안된다. 연기관계에서 모든 행위는 가능한 자기도 모르게 무위적으로 일어나는 것이 가장 올바른 것이다. 주고받지만 주고받는 자체가 자연스럽게 자신도 모르게 일어나야 한다는 것이다.

별은 하늘의 섭리를 따른다

별의 한 집단 즉 성단 내에 있는 각 별은 가장 가까운 별과 서로 끌어당기는 인력을 미치면서 서로의 운동 방향과 속력이 변하게 된다. 이것이 바로 두 별 사이에 일어나는 에너지의 주고받음에 의한 결과이다. 각 별은 성단 전체가 가지는 중력 즉 집단 내 별들을 구속하려는 큰 힘에 의해 통제된다. 그러나 실질적인 별의 운동학적 진화는 가장 가까이 이웃하는 별들 사이에서 미치는 힘, 즉 섭동(攝動: 주위에서 미치는 작은 힘 또는 영향)에 의해 큰 영향을 받는다. 결국 집단 내에서는 이웃하는 별들의 연기관계가 각 별의 역학적 진화를 결정짓는 것이다.

이러한 현상은 인간사회에서도 마찬가지로 일어난다. 각자는 국가라는 조직 속에 묶여 있지만 실질적인 개인의 사회적 진화는 가정이나 직장이라는 지엽적인 곳에서 일어나는 연기적 관계에 의한 영향(섭동)을 받으면서 일어난다. 그러기 때문에 특히 사람의 성장과정은 가정환경과 교육 및 주위 환경에 직접적으로 영향을 받게 된다. 그래서 맹자 어머니는 자식을 위해 이사를 세 번씩이나 한 것이다.

성단 내에서 모든 별들은 각자 성단의 자체 중력에 의해 성단 중심 주위로 회전하는 일반 회전운동을 한다. 그러면서 각 별들은 운동해 가는 과정에서 이웃 별들과 만나게 되는 것이다. 한 별을 중심으로 볼 때 연기적으로 멀리 떨어진 이접적離接的 관계에 있는 별들도 움직이다 보면 언젠가는 연기적으로 가까이서 만나게 되는 연접적連接的 관계를 이루게 된다. 그러면 서로 강한 섭동을 미치면서 각자의 역학적 운동에 큰 변화가 일어나게 된다.

그럼 별들은 변화에 어떻게 대응하는가? 연접적 연기과정에서 별들은 외부 반응에 대해 가장 적은 에너지로 대응하며 또 가장 적은 에너지 상태에 머물려고 한다. 이를 최소작용의 원리라 한다. 이런 반응은 어떠한 조작이 없이 무위적으로 일어난다. 물이 높은 데서 낮은 데로 흐르고, 산에서 큰 바위가 아래로 굴러 떨어질 때 가장 짧은 거리를 지나오면서 가장 낮은 곳에 머무는 것도 모두 가장 낮은 에너지 상태에 머물고 또 가장 적은 에너지로 반응하는 최소작용의 원리 때문이다.

노자老子가 불안정하고 높은 에너지 상태인 산봉우리보다는 안정되고 낮은 에너지 상태인 골짜기를 더 좋아한 이유도 여기에 있다.(노자의 『도덕경』 16장에서 "곡신불사谷神不死" : 골짜기의 정신은 죽지 않는다.) 사람이 고단하고 피곤하면 누워서 쉬고 싶은 생각이 드는 것도 최소작용의 원리를 따르고자 하는 데서 생기는 것이다.

우리가 일상생활에서 일어나는 연기적 관계에서 외부 반응에 대해 지나치게 민감하거나 또 화를 내고 흥분하면 마음이 들뜨고 열을 받으므로 번뇌 망상이 생기게 된다. 그러나 외부 반응에 대해 뒤로 한 거름 물러나 들뜨지 않고 조용히 마음을 가라앉힌다면 번뇌도 일어나지 않은 채 최소작용의 원리를 따르게 된다. 이러한 마음가짐이 생활화 될 때 우리는 깨달음에 이르렀다고 할 수 있다. 물론 최소작용의 원리가 몸에 배어 익숙해질 때까지는 상당한 기간 동안 꾸준한 수행이 필요하다. 수행의 기본은 항상 나를 낮추고 남을 배려하며 마음의 잡념을 비우는 것이다.

두 별이 처음 만나 역학적으로 섭동을 미치면 이를 무위적으로 수용하고 적응하는 호응적 반응을 일으킨다. 적응하는 과정에서 자기 조절, 자기 통제를 일으키는 보완적 단계를 지나게 된다. 그러면 반응 전과는 달라지는 새로운 상태로 자기 초월적 일탈성逸脫性을 이룬다. 성단 내 각 별들이 이와 같은 과정을 계속하면 결국 별들은 초기의 고유한 정체성(正體性 : Identity)을 모두 잃어버리고 또 에너지가 등분배됨으로써 성단 전체는 무위성, 보편성, 평등성, 이완성을 이루게 된다. 이것이 최소작용의 원리가 지니는 특성이다.

다시 말하면 별들이 성단으로 탄생될 때 각 별들이 가진 초기의 고유한 정보가 연기과정을 통해서 완전히 사라졌다는 것이다. 그래서 집단 전체로 보면 개체들은 완전한 무질서 상태에 놓였다고 볼 수 있다. 이 상태가 소위 엔트로피가 무한대에 이른 경우로서 가장 조화로운 상태에 해당한다. 결국 별은 하늘의 섭리인 최소작용의 원리를 만족하면서 가장 조화로운 상태에 이른다. 이런 상태가 인간의 경우에는 깨달음의 상태에 해당한다.

인간 개체도 지나친 유의적 조작을 피하고, 자신을 특별한 존재로 생각지 말 것이며, 만인은 동등하다는 생각을 잊지 말고, 항상 편안하고 안정된 마음을 지닌다면 무위성, 보편성, 평등성, 이완성을 만족하며 삼독과 사상四相을 여의게 되는 깨달음에 이르게 된다. 이것이 별처럼 사는 것이다.

연기관계로 최소작용의 원리를 따라 이완상태에 이르면 고요한 바닥상태인 선정禪定에 이르는 것이다. 고독을 사랑하지 않고는 들뜨지 않는 선정에 들 수 없다. 철학자 쇼펜하우어는 이렇게 말했다. “인간은 고독하게 지나는 한, 그 자신 그대로 지낼 수 있다. 그러므로 고독을 사랑하지 않는 인간은 자유를 사랑하지 않는 인간임에 틀림없다. 왜냐하면 고독하게 있을 때에만 인간은 자유롭기 때문이다." 여기서 자유롭다는 것은 번뇌 망상을 벗어남을 뜻한다. 한편 입센은 "이 세상에서 가장 강한 사람은 고독한 사람이다."라고 했으며, 키케로는 "내가 고독했을 때 나는 가장 고독하지 않다."고 했다. 결국 복잡한 연기관계 속에서도 자신의 존재를 찾아 삶의 진정한 가치를 구현토록 하는 하나의 과정이 고독한 선정에 드는 것이다.

별은 고독이 무엇인지 모르면서 고독에 젖어있다. 즉 무위적 연기관계를 따르면서도 언제나 선정에 들어있는 셈이다. 계戒와 정定은 혜慧가 없으면 이루어지지 않는다고 했다. 별은 자연의 이법인 혜를 따르고 또 자연의 질서인 계를 따르며 고요히 정에 들어 있는 것이다. 인간도 경쟁이란 물질문명에 끌려 다니지 말고 조용히 선정에 들어 자신을 뒤돌아보며 성찰省察하는 버릇을 가져야 한다. 그래야만 인간으로서의 존재가치를 구현할 수 있는 것이다.

진리를 아는 사람은 견해나 사상에 대해서 자만심을 갖지 않는다. 그는 또한 종교적 행위에도 끌려가지 않으며 마음의 어떤 유혹에도 끌려 가지 않는다. [숫타니파타]

진리를 추구하는 사람은 열린 마음을 가진 사람이므로 어떤 견해나 사상에 대해 자기가 잘 안다는 자만심을 고집하지 않는다. 그러므로 무조건적인 신앙을 강조하는 종교나 진리를 거역하는 유혹에는 결코 끌려들지 않는다.

하늘의 뜻을 따르는 자는 생존하고, 하늘의 뜻을 거스르는 자는 멸망한다. [맹자: 중국 유교 사상가]

우주적 섭리를 따르는 자는 연기적 관계가 이루어지고 있는 자연과 함께 더불어 살아갈 수 있지만, 이 섭리를 거역하는 자는 자연을 떠나야 함으로 멸망하는 길밖에 없다.

진리를 썩어빠진 책 속에서가 아니라 사상 자체에서 구하라. 달을 보고자 하거든 하늘을 쳐다 보라. 웅덩이를 보지 말라. [페르시아 격언]

진리는 오래된 책 속에 있는 것이 아니라 그 시대의 철학적 사상에서 찾아야 한다는 것이다. 그럼으로써 과거가 아닌 현실의 생활 속에서 사상을 올바르게 펼 수 있는 것이다. 이것은 마치 웅덩이 속에서 달을 찾을 것이 아니라 실체가 존재하는 하늘에서 달을 찾아야 한다는 것과 같은 뜻이다.

사람은 산의 정상에 올라 갈 수는 있지만, 거기서 오래 살 수는 없다. [버나드 쇼: 영국 극작가]

정상은 잠깐 머무는 곳이다. 그러므로 자신이 정상에 오르면 언제나 그곳에 안주할 것으로 믿는 것은 큰 잘못이다. 오르면 내려오는 것이 당연하다. 그런데 사람들은 정상에 오르면 가능한 그 곳에 오래 있기를 원한다. 물이 고이면 썩듯이 정상에 오래 있으면 탐욕 때문에 썩는 냄새가 나기 마련이다. 그러므로 정상에 오를 때 조심하고 또 때를 맞추어 내려오고, 내려올 때도 조심해야 한다. 내려와서는 있던 곳을 떠나 가능한 멀리 떨어져 있는 것이 남아 있는 사람을 위하는 길이다.

낙관주의도 비관주의도 우주철학으로서는 아주 소박한 인간중심주의의 발로에 지나지 않는다. 위대한 세계는 자연의 철학이 가르치는 한, 선도 아니요 악도 아닌 것이며, 또한 우리에게 화와 복을 내리는 일에 관심을 보이지도 않는다.
위에 말한 바와 같은 [인간 중심의] 철학은 한결같이 자기를 과시하는 데서 생겨나는 것이요, 이것을 교정하는 최상의 방법은 천문학을 약간 공부하는 일이다. [버트란드 러셀: 영국 철학자]

선과 악, 화와 복 등은 인간중심 주의적 사고에서 분별되어진 것이다. 그러나 우주철학적 견지에서 보면 이러한 인간중심적인 유의적 분별은 아무런 의미가 없다. 이성적이며 만물의 영장이라고 과시하며 자연을 지배하고 있는 인간중심적 사고를 벗어나려면 적어도 광대무변한 우주의 섭리 즉 하늘의 이법을 다루는 천문학을 조금은 알아야 두어야 한다. 그래야만 탐욕과 애욕을 가진 인간 세상을 잘 이끌어 가도록하는 도덕률의 근본이 하늘의 이법에서 온 것임을 알게 되는 것이다.

성단은 이완된다

이완이란 무엇인가를 살펴보자.

몸이 몹시 피곤하고 고단할 때 뜨거운 물 속에서 목욕을 하고 나면 온 몸이 나른하면서 해삼처럼 푹 퍼지는 느낌을 갖게 된다. 그리고 아무런 생각도 나지 않는 무심(집착이 없는 마음), 무념(집착하는 생각이 없는 마음)의 경지에 이른다. 이때는 내가 누구라는 어떠한 특징 즉 정체성이 사라진다. 이런 상태를 안정된 이완상태라 한다.

소위 가장 낮은 바닥의 에너지 상태에 놓여 있으며 외부 반응에 대해서도 최소 에너지로 반응한다. 즉 최소작용의 원리를 만족하는 것이다. 그리고 이런 상태는 무위적 상태로서 어떠한 유의적有意的 조작도 관여하지 않는다.

성단에서 서로 멀리 떨어져 있던 개체들인 이접적離接的 다자多者가 최소작용의 원리에 따른 연기 작용으로 서로 가까워지는 하나의 유기적인 집단을 이루는 연접적連接的 일자一者로 바뀔 때 그 성단은 이완상태에 이르렀다고 한다. 즉 초기에 다양한 정체성을 가진 별들이 연속적인 상호 의존적 연기

과정을 통해서 개체들(다자)의 초기 고유한 정체성이 사라지면서 성단 전체의 한 특성(일자)이 새로이 생긴다. 그러면 개체의 특성이 성단 전체의 일반적 특성에 의해 규정되는 이완상태에 이르게 된다. 이 경우에 개체들이 서로 만나 융합하여 하나가 되는 상즉상입相卽相入 상태에 이르렀다고 한다.

예를 들어 서로 떨어져 모르고 있던(이접적 관계에 있던) 남녀가 어떤 계기로 서로 만나 결혼을 하게 되면(연접적 관계) 부부 일심동체라고 해서 둘(다자)이 하나(일자)가 되는 것이다. 그리고 각자의 고유한 정체성이 사라지면서 한 가정의 고유한 특성이 새로 생기게 된다. 이것이 상즉상입 상태에 이른 안정된 이완상태에 해당한다. 만약 가정이 이완되지 않는다면 부부 사이에 문제가 있는 불안정한 가정으로 볼 수 있다. 이혼이란 결합되었던 연접적 관계의 부부(일자)가 서로 남남(다자)이 되어 떨어져 나가 멀어지는 이접적 관계로 변하는 것이다.

성단이 이완상태를 이루면 자동적으로 별들 사이에서 보편성과 평등성, 무위성이 성립된다. 이것이 바로 성단이 열반상태에 들어 있다는 뜻이다. 인간도 이완상태를 이룬다면 그는 열반에 들게 된다. 즉 깨달음에 이르게 된다. 흔히 깨달음을 특수한 수행을 통해서만 얻어지는 특별한 신비적이고 관념적인 것으로 생각하기도 하지만 실제 깨달음은 현실적이며 실질적인 것으로 최소작용의 원리가 만족되는 이완상태로서 평범한 안정된 마음의 상태이다.

이완상태에 있던 성단이 외부로부터 큰 섭동을 받으면 성단 내 별들이 외부로부터 에너지를 받거나 잃게 되면서 안정이 깨어지고 역학적으로 불안정해진다. 그러다가 오랜 시간이 지나면 별들 사이에 일어나는 연속적 연기 작용으로 성단은 다시 안정된 평형상태인 이완상태를 이루게 된다. 이때 불안정한 상태에서 다시 안정된 평형상태에 이르는 데 걸리는 시간을 이완시간이라 하며, 이것은 성단의 안정성의 척도가 된다. 즉 성단의 이완시간이 길수록 외부 섭동을 잘 이겨내면서 안정된 상태를 잘 유지할 수 있지만 이완시간이 짧으면 외부 섭동에 대해 성단이 쉽게 불안정해 지며 파괴될 수도 있다.

사람의 경우에도 외부로부터 큰 영향을 받아 안정된 상태에 있던 사람이 불안정한 상태가 된 후 다시 새로운 안정된 상태로 돌아오는 데 걸리는 이완시간이 있다.

그러면 한번 화가 나면 그 상태가 오래 지속되는 사람도 있고, 화가 금방 풀리는 사람도 있다. 전자의 경우는 이완시간이 길고, 후자의 경우는 이완시간이 매우 짧은 것에 해당한다. 만약 어떤 회사에서 막중한 임무를 맡기고자 한다면 위의 예에서 어느 사람을 택해야 할까?

우리는 보통 화가 나도 쉽게 풀리는 사람을 선호한다. 그러나 화가 쉽게 풀리는 사람은 반대로 화를 쉽게 잘 낼 수 있다. 즉 이런 사람은 화가 잘 풀리지 않는 사람에 비해 이완시간이 짧기 때문에 불안정한 사람에 해당한다. 그러므로 중요한 임무는 한번 화가 나면 잘 풀리지 않는 사람에게 맡겨야 한다. 이런 사람의 이완시간은 길며 여간해서는 화를 잘 내지 않는 안정된 상태를 잘 유지하는 사람에 해당한다.

일반적으로 가정이나 국가에서 구성원이 많을수록 그 집단은 이완시간이 길며 안정된 상태를 잘 유지하게 된다. 이런 점에 비추어 볼 때 핵가족은 이완시간이 짧으며 불안정을 내포하고 있다. 또한 수천만의 적은 인구를 가지는 국가보다 일억 이상의 많은 인구를 가지는 국가가 더 안정되며 이완시간이 더 길다. 우리나라처럼 인구가 5천만 정도로 작은 나라는 항상 불안정을 내포하게 된다. 왜냐하면 국가 전체의 구속력이 작기 때문에 외부의 영향에 민감하며 안정성이 쉽게 깨어질 수 있기 때문이다.

성단의 경우에 수백 내지 수천 개의 별을 가진 산개 성단처럼 집단이 작은 경우는 이완시간이 일억 년 이하로 짧기 때문에 역학적으로 불안정하다. 이에 비해 수백만 개의 별을 가진 구상 성단의 이완시간은 백억 년 이상으로 길기 때문에 역학적으로 매우 안정하다. 그래서 구상 성단은 외부 섭동을 받으면서도 백억 년 이상을 지탱해 오고 있는 것이다.

성단의 별들은 대체로 이완상태를 유지하는 방향으로 진화해 간다. 특히 구상 성단의 경우는 모두 이완상태에 놓여 있다. 그러나 별들의 수가 적은 산개 성단이나 성협과 같은 작은 집단에서는 집단 자체의 일반 중력(구속력)이 작다. 그래서 성단과 성단 또는 성단과 큰 성운 사이의 섭동 때문에 이완상태를 오래 동안 유지하기가 어렵다. 또한 성단이 외부로부터 큰 섭동(충격)을 받으면 성단 전체가 파괴되는 현상도 일어난다. 밤하늘에서 육안으로 보이는 별들은 한때 성단을 이루고 있었지만 외부 섭동으로 파괴되어 낱별로 흩어진 것들이다. 우리 태양도 한 때는 어떤 성단에 속해 있었을 것이다.

허위의 탈속에 자기를 감추려하지 말라! 그것은 도리어 적에게 공격하기 좋은 빈틈을 줄 뿐이다. 당신이 최후의 승리를 원한다면 진리를 따라야 한다. 한때 불리하고 비참한 처지에 빠지더라도 그것은 치료받을 수 있는 상처이니 겁내지 말라. [앙드레 지드: 프랑스 문인]

살아가면서 인간은 다양한 처지를 접하게 된다.
이때마다 자신이 불리하면 자신을 감추고자 하지만 언젠가 그 진실이 들어나는 법이다. 그러므로 비록 한때 어려운 처지에 빠지더라도 이를 피하지 말고 항상 진리를 따라 행하면서 자신을 드러내어 연기관계를 적극적으로 이어가야 한다. 그래야만 자신의 비참한 처지가 치유될 수 있는 것이다.

대개 지극히 높은 것은 지극히 평범한 것에 있고, 지극히 어려운 것은 지극히 쉬운데서 나오는 것이니, 뜻이 있으면 도리어 멀어지고, 마음이 없으면 저절로 가까워지느니라. [채근담]

이 세상의 만물은 평등하고 보편적이다. 그러므로 지극히 높은 것은 지극히 평범한 것에 있게 되고, 지극히 어려운 것은 지극히 쉬운 것에 있게 마련이다. 따라서 특별한 목적으로 뜻을 세운다면 오히려 하고자 하는 것이 더 멀어질 뿐이다.

특정한 목적을 두고 세상을 보면 한쪽으로 쏠리게 되므로 시야가 좁아져 넓고 멀리 볼 수 없게 되어 뜻을 이루기가 어렵다. 그러나 특정한 목표를 두지 않고 모든 일에 최선을 다하면 세상이 넓어지기에 저절로 뜻이 이루어질 수 있는 것이다.

가장 현명한 사람은 큰 불행도 작게 처리해 버린다. 어리석은 사람은 조그마한 불행을 현미경으로 확대해서 스스로 큰 고민 속에 빠진다. [리 로슈푸꼬]

인생을 지나다보면 행복할 때도 있고 불행할 때도 있고, 기쁠 때도 있고 슬플 때도 있다. 행과 불행, 기쁨과 슬픔 등은 인간이 분별을 해둔 것이지 특별한 것은 아니다.

왜냐하면 바다에 파도가 없으면 어찌 바다라 할 수 있겠는가! 마찬가지로 인생행로에서도 다양한 마음의 형상이 일어난다. 그런데 조그마한 불행을 스스로 확대해서 큰 슬픔에 빠진다는 것은 매우 어리석은 짓이다. 불행이 없으면 행복이란 것이 있을 수 없다. 그리고 행복이란 것이 있기에 불행이 있는 것이다. 그러므로 이들을 분별하지 말고 언제나 중도를 택해야 한다.

성단의 수축과 팽창

은하 내에서 성단은 고립된 것이 아니라 다른 여러 성단과 성운 등과 함께 존재한다. 그래서 성단은 주위를 지나는 다른 집단으로부터 큰 섭동을 받을 수 있다. 이때 성단의 외곽에 있는 작은 별들이 섭동으로 에너지를 얻어 성단을 이탈할 수도 있다. 그러면 성단 전체로는 에너지를 잃게 되어 불안정해 진다. 이를 극복하기 위해서 성단은 전체적으로 수축하며 총 에너지를 증가 시킨다. 그렇게 하여 더 이상 별이 성단을 이탈하지 못하도록 한다.

인간사회의 경우는 어떠한가? 회사라는 조직체에서 구성원이 불만을 이유로 그 회사를 그만두고 나갈 경우에 회사의 총 에너지는 감소하면서 불안정해진다. 비록 이런 불안정이 확실하게 감지되지 않더라도 안정성은 조금씩 깨어지고 있는 것이다. 이런 사실을 위쪽의 책임자가 소홀히 보고 지나치게 되면 그 회사에서는 계속 구성원의 이탈자가 생길 수도 있다. 따라서 어떤 이유로 구성원이 회사를 떠나더라도 그 회사는 조직체를 다시 정비하고 강화하면서 더 이상 이탈자가 생기지 않도록 하고, 구성원들이 안정을 취할 수 있도록 해야 한다. 성단의 경우에는 자체의 수축으로 에너지를 증가시키며 안정을 다시 찾아 가는 것에 해당한다.

이와 같은 현상은 가정이나 국가에서도 마찬가지로 적용되는 이법이다. 예를 들어 오늘날의 핵가족 사회에서는 대가족 사회와 달리 가정 자체의 구속력이 매우 약하다. 그래서 자식이 문제아가 되거나 또는 가출을 하면 그 가정은 쉽게 불안정한 상태에 놓이게 되어 가정이 쉽게 파탄에 이르기도 한다. 그러나 조부모님과 함께 사는 대가족 사회에서는 소위 가풍이란 것이 전통적으로 이어오기 때문에 이것이 가족의 강한 구속력을 발휘한다. 그래서 집안에 약간의 문제가 생겨도 가족 전체는 안정성을 잘 유지해 가는 것이 보통이다.

국가에서도 인적 물적 자원이 바깥으로 빠져 나가는 이탈이 일어나면 국가 전체의 에너지 손실로 국가는 불안정한 상태에 이르게 되고, 이런 현상이 계속되면 언젠가는 파멸의 위기에 봉착할 수도 있다. 특히 인구가 적은 국가는 자체의 구속력이 작기 때문에 안정성이 쉽게 깨어질 수 있는 불리한 조건을 갖추고 있다. 인구가 5천만도 안되는 우리나라가 이에 해당하는 국가이다. 이러한 국가일수록 인적 물적 이탈을 막는 안정된 제도적 장치를 잘 갖추어야 한다. 그렇지 않으면 자체의 구속력 약화뿐만 아니라 주변 국가들에 의한 경제적 정치적 영향이 계속 미치면 국가 전체로 매우 어려운 상황에 직면할 수도 있다.

또한 성단의 중심부에는 별들이 밀집하게 모여 있기 때문에 별들 사이의 큰 인력으로 별들이 지나가며 만나다가 인력에 서로 묶여 두 별이 쌍을 이루는 쌍성이 형성되기도 한다. 그러면 성단의 중심부의 별의 개수 밀도가 줄어들어 중심부는 수축한다. 한편 쌍성은 주위를 지나는 별의 속도를 쉽게 증가 시키므로 별의 운동 범위가 넓어지면서 중심부는 팽창하게 된다. 결국 밀집한 성단 중심부는 수축하기도 하고 팽창하기도 하는 불안정한 상태를 유지하게 된다. 그러나 성단이 클 경우는 자체의 강한 구속력 때문에 중심부가 약간 불안정 하더라도 성단 전체로는 안정성을 유지할 수 있다.

인간사회에서도 이와 비슷한 현상이 생긴다. 즉 사회 집단이나 국가의 권력 중심부는 성단의 경우처럼 대체로 불안정한 상태를 유지해 간다. 왜냐하면 집단의 중심부 내에서 군소 집단들이 형성되면서 서로간의 이해와 주장이 상충되는 현상이 자주 발생할 수 있기 때문이다. 이 경우는 성단에서 쌍성이 생기면서 중심부가 불안정해지는 것과 같은 경우이다. 큰 성단의 경우는 비록 중심부가 역학적으로 불안정해도 성단 자체의 강한 구속력 때문에 성단 전체는 안정성을 이어간다. 그러나 인간사회에서는 권력 중심부의 불안정이 증폭되면 어떤 집단이나 국가 전체가 불안정한 위기에 직면할 수도 있다. 특히 구성원의 수가 적은 집단이나 국가일수록 총 구속력이 적기 때문에 이런 현상이 잘 일어난다.

예를 들어 한 국가에서 일어나는 혁명이나 쿠데타 같은 경우가 바로 권력 중심부가 불안정하기 때문에 생기는 현상이다. 그리고 정치적 당黨의 분열도 마찬가지로 권력 중심부의 불안정에 기인한 현상이다. 이런 현상은 보통 정권 말기에 갈수록 잘 일어난다.

단단한 돌이나 쇠는 높은 곳에서 떨어지면 깨지기 쉽다. 그러나 물은 아무리 높은 곳에서 떨어져도 깨지는 법이 없다. 물은 모든 것에 대해서 부드럽고 연한 까닭이다. 저 골짜기에 흐르는 물을 보라! 그의 앞에 있는 모든 장애물에 대해서 스스로 굽히고 적응함으로써 줄기차게 흘러, 드디어는 바다에 이른다. 적응하는 힘이 자재로와야 사람도 그가 부닥친 운명에 굳센 것이다. [공자: 중국 성현]

물처럼 무위적으로 자연적 현상에 적응하고 순응하는 것이 무위자연의 현상이다. 이것이 곧 자연의 이법을 따름이다.
우리 인간도 무위적 자연의 이법에 따라 물처럼 순응하고 적응함이 마땅하다는 것이다. 그렇지 않고 자신에게 유리하게 유위적 조작을 하면서 자연의 이법에 역행한다면 그 대가로 돌이 떨어져 부서지는 것처럼 인간의 운명도 불행을 면치 못하게 된다.

이루어진 것은 반드시 무너지게 됨을 알면 이루려하는 마음이 반드시 지나치게 굳지는 않을 것이고, 살아있는 것은 반드시 죽는다는 사실을 알면 곧 삶을 보전하려는 길에 지나치게 애쓰지는 않게 되리라.

[채근담]

이루어진 것은 서로 주고받는 상의적 연기관계 때문에 고정된 상태를 유지할 수 없다. 그래서 시간이 지나면 반드시 원래의 상태가 변하면서 무너진다. 그러므로 이루려는 마음에 지나치게 집착할 필요가 없다는 것이다.
또한 태어나 살아 있는 것은 시간이 지나면 반드시 죽어 사라진다. 그렇다면 삶을 오래 보존하고자 지나치게 애쓸 필요가 없다는 것이다. 모든 것에 지나치게 집착을 가지지 말고 가능한 자연의 이법에 무위적으로 순응, 적응하면서 지나가면 족한 것이다.

바쁠 때에 본성을 더럽히지 않으려면 모름지기 한가할 때에 마음을 맑게 길러야 하고, 죽을 때에 마음이 흔들리지 않으려면 모름지기 살아 있을 때에 사물의 도리를 간파해야 하느니라. [채근담]

바쁠 때 자칫 이성을 잃을 수도 있으므로 한가할 때 마음을 잘 다스려 청정하게 해야 하고, 또 죽을 때 두려움 때문에 마음이 흔들리지 않으려면 살아 있을 때 사물의 도리를 알아 삶과 죽음이 같은 것임을 깨달아야 한다.

인간은 얼핏 볼 때 앞에서 끌려지고 있는 것 같지만, 사실은 뒤에서 떠밀려지고 있는 것이다. [쇼펜하우어: 독일 철학자]

인생이란 누가 나를 끌고 가는 것 같지만 실은 뒤에서 나를 밀고 간다는 뜻이다. 즉 만물이 상호 의존적 연기관계에 있는 세상에서는 자신의 특별한 이성보다는 무의식적인 의지에 의해 마치 물이 흘러가듯이 모두가 떠밀려가고 있는 것이다. 세상은 자기 뜻대로 다 이루어지는 것은 결코 아니다. 서로서로가 연관되어 밀고 댕기며 시간에 떠밀려 미래로 흘러가는 것이다.

사람이 호랑이를 죽이려고 하는 경우에 사람은 그것을 심심풀이라 말하고, 그 호랑이가 사람을 죽이려 하는 경우에는 사람은 그것을 사납다고 말한다. 죄악과 정의의 구별은 그 정도의 것이다.

[버나드 쇼: 영국 극작가]

인간은 마음만 먹으면 다른 종을 언제라도 죽일 수 있다는 것이 특징이다. 그래서 사람이 호랑이의 사냥을 즐길 수도 있다. 그런데 호랑이가 사람을 죽이는 경우는 그 호랑이를 사납다고 하면서 잡아 죽이려 한다.

인간은 동물에게 죄악을 저질러도 정당하다고 하고, 동물이 사람을 헤치거나 죽이면 그 동물을 죄악시 한다. 이처럼 죄악과 정의는 인간이 자기 마음대로 만든 규칙일 뿐이다. 적어도 동물에 대해서는 그렇다. 인간과 인간관계에서도 이와 비슷하다.

정의는 자기에게 유리할 때, 죄악은 자기에게 불리할 때 쓰인다.

인간도 별처럼 살고자 한다면 별과 같은 마음을 지녀야 한다.

chapter 3.

별과 마음

성단에서 별은 있을 자리에 있다

성단은 질량이 다른 여러 별들로 이루어진 집단이다. 별들이 많은 성단은 대체로 안정된 상태를 유지하면서 진화하고 있다. 성단의 역학적 안정성을 알아보기 위해 6가지의 요소를 살펴보기로 한다.

성단의 집단 전체를 총상(總相 : 전체성)이라 한다.(#17) 그리고 각 별들은 성단을 이루는 구성원으로 별상(別相 : 개체성)이라 한다. 구성원 중에는 가벼운 별과 무거운 별 등 여러 질량의 별들이 있다. 이러한 구성원의 다양성을 이상(異相 : 다양성)이라 한다. 성단 내에서 별들은 서로 에너지를 주고받는 상호연기적 관계를 이어가다 보면 에너지 등분배가 일어나면서 모두가 동등한 존재가치를 가지게 된다. 이를 동상(同相 : 동등성)이라 한다. 이와 같은 동상에 이르면 성단 내 모든 별들은 평등하고 보편적이 되는 안정된 이완상태에 이른다. 이를 성상(成相 : 완전성)이라 한다. 즉 성단이 이완계를 이루고 있다는 뜻이다. 이와 같은 상태에서는 에너지 수수관계의 결과로 무거운 별은 가벼운 별과 섭동을 하는 과정에서 에너지를 잃고

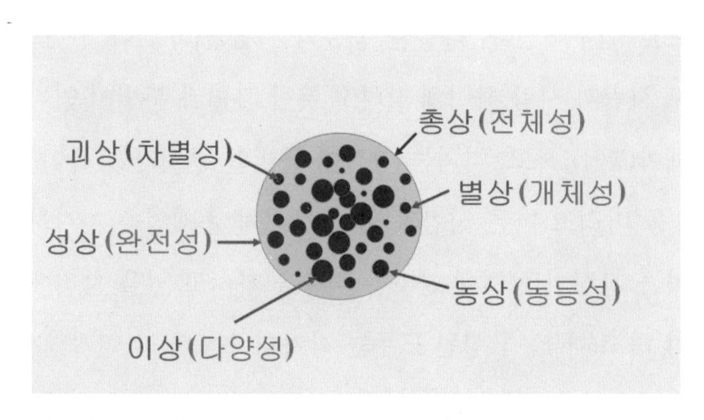

#17. 성단의 육상원융

성단 중심부로 들어가서 성단 전체를 구속하는 역할을 하고, 가벼운 별은 에너지를 얻어 속도가 커지므로 성단 외곽으로 치우치며 성단을 활성화 시킨다. 이처럼 구성원이 자기에게 알맞은 자리에 놓이게 되는 것을 괴상(壞相 : 차별성)이라고 한다.

결국 총상, 별상, 동상, 이상, 성상, 괴상 등 6가지 요소는 성단 전체가 안정된 이완상태에 이르는 현상을 나누어 본 것이다. 이런 상태에서는 별들의 운동이 서로 걸림 없이 원만하게 일어나며 진화 한다. 이것을 성단의 육상원융六相圓融이라 하며, 또한 성단은 별과 별 사이, 현상과 현상 사이에 걸림이 없는 사사무애事事無碍 상태 즉 이완상태에 있다고 한다.

인간사회에서도 집단이 안정된 상태에 놓이려면 반드시 육상원융을 만족해야 한다. 즉 사회(총상)는 여러 사람들(별상)의

합으로 이루어진다. 다양한 종류의 사람들(이상)이 존재하더라도 사람과 사람 사이에 잘나고 못난 차별과 분별이 없이 평등해야(동상) 하고, 각자는 자신이 특별한 존재라는 특이성特異性을 버리고 다른 사람과 함께 보편적 존재임을 자각하며, 각자는 자신의 능력에 알맞은 직종을 가지고 있을 자리에 있어야 하고(괴상), 구성원 모두는 각자의 연속적인 연기관계를 통해서 고유한 정체성을 여의고 집단 전체의 보편적 특성에 의해 구성원의 특성(성상)이 규정되어야 한다. 그럼으로써 안정하게 이완된 사회가 이루어지게 되는 것이다. 이런 경우에 성단에서처럼 인간의 삶의 참된 존재가치가 실현될 수 있는 것이다. 우리는 이러한 세계를 육상원융이 만족되는 화엄세계華嚴世界라고도 한다.

일반적으로 별들의 세계인 우주는 육상원융이 만족되는 화엄세계이다. 인간은 이 우주를 이루고 있는 한 구성원이다. 그렇다면 인간세계도 반드시 우주적 화엄세계를 따라야 마땅하다. 그렇다면 오늘날 인간사회에서는 과연 육상원융이 이루어지고 있는 것일까? 만약 그렇지 못하다면 우리의 인생은 별보다 못한 삶을 살아가고 있으며, 삶의 진정한 가치를 상실하고 있는 것이다. 그래서 죽지 못해 살아가게 되는 비극을 안게 된다.

오늘날 우리의 교육에서는 평준화를 강조하고 있다. 이것은 육상에서 특히 괴상을 어기는 것이다. 즉 학생의 능력과 소질 및 취미에 알맞은 교육이 이루어져야만 소위 '있을 자리에 있다' 는 괴상을 만족하게 된다.

예를 들어 집을 지을 때 대들보 대신에 서까래를 쓰고, 서까래 대신에 대들보를 쓴다면 그 집이 올바르게 지탱될 수 있겠는가? 모든 재료는 자기가 있을 자리에 있어야 한다.

결론적으로 오늘날 우리의 교육은 육상원융을 이루지 못하고 있다는 것이다. 이것은 곧 우리의 교육이 안정되지 못할 뿐만 아니라 자연의 근본 이법에도 맞지 않다는 것이다. 인생에서는 하기 싫어도 해야만 할 때가 있다. 그러나 인간의 타고난 능력을 올바르게 발휘하는 것이 무엇보다 중요하다. 왜냐하면 이것은 인간 가치의 올바른 실현이기 때문이다. 능력이나 취미에 맞지 않는 것을 억지로 하는 것은 먹기 싫은 물을 먹도록 억지로 끌려가는 소와 다를 바 없다. 여기서는 창조적 활동을 전연 기대할 수 없을 뿐만 아니라 인간으로써의 존재가치가 상실되고 만다. 그러고도 오늘날 국가간의 심각한 경쟁 사회에서 살아남을 수 있다고 장담할 수 있겠는가?

큰 나무줄기에서 잘라낸 나무 가지는 이미 큰 나무의 일부분은 아니다. 이와 같은 이치로 사람도 누구하고 사이가 갈라지게 되면 그것으로 해서 전 인류의 공동체에서 이탈하는 것이 된다. 사람은 자신의 내부에 있는 미움과 악심으로 해서 이웃사람과 헤어지는 것이다. 상대가 한 사람이라고 작은 일로 생각해서는 안 된다. 우리가 실지로 접촉하는 것은 언제나 한 사람 한 사람인 것이다. 한 사람 속에 전 인류가 있다는 것을 잊어서는 안 된다. [아우구스티누스: 로마 철학자, 사상가]

세상 만물은 상호 의존적 연기관계에 있다. 그러므로 나 자신이 혼자이면서 혼자가 아닌 것이다. 눈에 보이든 보이지 않든 나는 항상 상대와 접하고 있는 것이다. 그래서 한 사람 속에 전 인류가 들어 있다고 또 전 우주가 들어 있다고 말하는 것이다. 이것은 "하나 속에 전체 있고[一中多], 전체 속에 하나 있다[多中一]"라는 말과 같은 뜻이다. 이러한 현상은 주로 사회나 국가에서 전체적으로 이완弛緩된 안정한 상태에서 볼 수 있다.

모든 인간이 자유를 찾을 때까지는 아무도 완전한 자유를 얻을 수 없다. 모든 인간이 도덕적인 사람이 되기까지는 아무도 완전하게 도덕일 수 없다. 모든 인간이 행복하게 되기 전에는 아무도 완전한 행복을 맛볼 수 없는 것이다. [허버트 스펜스: 영국 철학자]

인간은 사회적 동물로서 모두가 함께 상의적 연기관계를 맺으며 살아간다. 그러므로 어느 특정한 사람만의 자유나 행복, 깨달음이 중요한 것이 아니라 모든 사람들의 자유와 행복 그리고 깨달음이 중요한 것이다. 이러한 사회가 진정으로 올바른 삶의 가치를 지닌 사회이다. 연기관계에서는 어느 특정한 사람에게 국한된 현상이 존재할 수 없다.

만약 특정한 사람들이 자유와 행복을 누리고, 또 깨달음에 이르렀다면 이것은 사회 전체로 볼 때 특이한 현상으로써 진정한 자유나 행복 또는 깨달음이 될 수 없다. 이런 특이성은 연기관계를 계속 이어가는 과정에서 새로운 형태로 변해가면서 특이성이 사라지게 된다.

그래서 궁극적으로는 모든 사람이 함께 자유나 행복을 누릴 수 있게 되는 것이다. 만약 특이성이 사라지지 않고 계속 존재한다면 그 사회는 불안정한 상태로써 인간의 참된 삶을 기대할 수 없게 된다.

진실로 청렴한 것은 청렴하다는 이름조차 없으니,

이름을 드러내는 사람은 바로 탐욕스럽기 때문이다. [채근담]

자신이 청렴하다고 말함은 자신이 청렴하지 않았거나 현재도 청렴하지 않다는 뜻이다. 따라서 청렴하다고 말함은 반대로 탐욕스러움이 내면에 들어 있다는 것을 나타낸다.

왜냐하면 청렴함과 탐욕스러움은 함께 있는데 청렴함이 나타나면 탐욕이 숨고 탐욕이 나타나면 청렴함이 숨는다. 그래서 청렴해도 이를 말하지 말고 청렴함을 잊어야만 진실로 청렴해 지는 것이다.

나는 현재 존재하는 이대로 만족한다. 나에게 관심을 갖는 사람이 아무리 없다 해도 상관없고, 또 모두가 나를 추켜올린다고 해도 별로 솔깃할 것도 없다. 왜냐하면 나는 내 자신 속에 그것보다도 엄숙한 세계를 가지고 있기 때문이다. 나는 외롭지 않다. 내 마음의 세계와 이야기할 수 있기 때문이다. [월트 휘트먼: 미국 시인]

인간은 자신의 사고와 경험에서 얻어지는 인생관이 있다. 이 인생관은 나아가 세계관으로 확장된다. 자연의 이법이나 인간 사회의 도덕에 알맞은 인생관이나 세계관을 가진다면 남의 이야기에 마음이 흔들리지 않을 것이다. 그리고 타자로부터 소외된 감정도 가지지 않을 것이다. 왜냐하면 자신의 내면과 깊은 대화를 나눌 수 있는 능력을 가졌기 때문이다.

별에도 세대가 있다

별은 진화 과정에서 양식의 메뉴를 바꾸는 기간이나 중심부에서 발생한 에너지가 바깥으로 전달되는 과정에서 문제가 생길 때 별은 역학적으로 불안정하여 병이 생기게 된다. 이 때는 주로 수축 팽창하며 빛의 밝기가 변화하는 맥동변광이 일어나고 물질을 바깥으로 방출한다. 특히 별이 임종을 맞이할 때는 중심부에서 에너지가 생성되지 않기 때문에 중심부의 온도와 압력이 급격히 떨어지므로 별 전체가 수축하면서 많은 양의 물질을 바깥으로 방출한다. 특히 무거운 별일수록 임종 때 방출되는 물질의 양이 많아진다.(#18)

이렇게 방출된 물질은 점차 바깥으로 퍼져 나가면서 성간 물질을 이룬다. 별들이 죽어가면서 방출된 물질들이 서로 모여 거대한 성운을 이루면 여기서 새로운 별들이 탄생한다. 새로운 세대의 별을 탄생시키는 데 크게 기여하는 것은 주로 무거운 별에서 방출된 물질이다. 새롭게 탄생되는 별들 중에서 무거운 별들은 수명이 짧기 때문에 빨리 죽으면서 많은 물질을 방출한다. 여러 별들에서 방출된 이런 물질들이 다시 모여

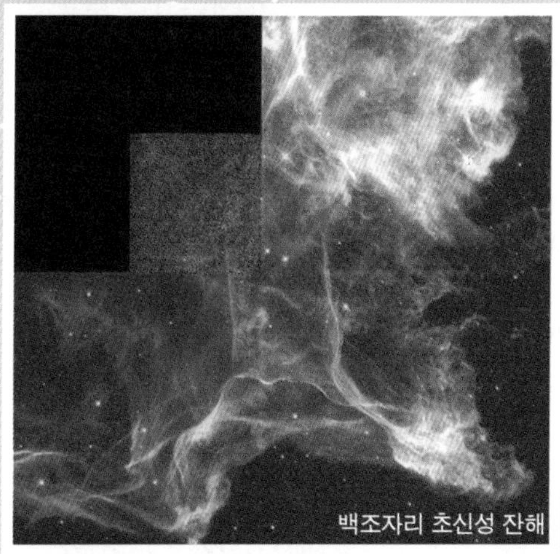

#18. 초신성의 잔해

돛자리에서 약 10,000년 전에 폭발한 초신성에서 방출된 물질의 잔해이며, 이 가운데 돛자리 펄사라는 중성자별이 있다.
허블우주망원경으로 찍은 백조자리 루프라 불리는 것은 약 15,000년 전에 폭발한 초신성 잔해의 일부이다.

다음 세대의 별들을 탄생시킨다. 그러므로 인간의 경우와 달리 한 별을 따라 내려오는 세대는 없다. 즉 별에는 가문家門 같은 족보가 없다. 현재 우리 은하계에는 가장 나이 많은 제1세대에서 가장 나이 적은 제5세대에 이르기까지 다섯 세대(종족)의 별들이 있다.

우리 은하계에서 제1세대의 별은 구상 성단에 해당한다. 가장 오래된 구상 성단의 나이는 우리 은하계의 나이와 같이 약 137억년이나 된다. 현재 이런 구상 성단 내에는 태양 질량의 0.8배보다 가벼운 별들이 있으며, 이보다 무거운 별들은 이미 일생을 끝내고 암체로 존재한다. 지상의 생명체를 양육하는 태양은 제4세대 별에 해당한다.

그리고 밤하늘에 육안으로 보이는 대부분의 별들은 주로 태양과 같은 제4세대 별이거나 젊은 제5세대 별들이다. 현재 은하면의 성간 물질에서 탄생되는 별들은 모두 제5세대의 별들이다. 나이가 많은 제1세대에서 3세대의 별들은 육안으로는 잘 보이지 않는다. 이들은 모두 우리로부터 멀리 떨어져 있고 또 질량이 작은 별들만 주로 남아 있기 때문이다.

별의 세대는 어떻게 구별하는가? 여기에는 두 가지 방법이 있다.

첫째는 중원소(헬륨보다 무거운 원소를 통칭함) 함량을 조사하는 것이다.

인간사회에서도 나이 많은 노인과 갓 태어나는 아기를 볼 수 있다. 마찬가지로 별들에서도 나이 많은 별과 갓 태어나는 별들이 있으며 이들이 모두 관측된다. 그런데 별의 경우에는 나이가 적을수록 무거운 중원소 함량이 많아진다. 별은 핵융합 반응으로 무거운 원소를 만들어 내면서 빛을 낸다. 이 별이 죽으면서 무거운 원소가 포함된 물질을 바깥으로 방출하고 이러한 물질에서 다음 세대의 별들이 탄생되면 자연적으로 이들 별들은 그 전 세대의 별들보다 더 무거운 원소를 많이 함유하게 된다. 그래서 세대가 아래로 내려 갈수록 무거운 중원소 함량은 증가하게 되는 것이다. 그러므로 우리는 별들의 중원소 함량을 조사해보면 그 별이 어떤 세대의 별인가를 알 수 있다.

어쩌면 인간도 세대가 내려갈수록 무거운 원소의 함량이 증가할지도 모른다. 왜냐하면 오늘날 우리는 중금속에 오염된 음식물을 먹고 또 대량 생산을 위해서 다양한 종류의 화학 비료를 사용하거나 유전자 조작적으로 성장시킨 동식물을 먹고 있기 때문이다. 뿐만 아니라 오염된 공기와 물을 마시며 살고 있는 것이 오늘날의 현실이며 이런 현상은 한 세대에 끝나지 않고 계속 이어질 것이다.

별의 세대가 지남에 따른 중금속 함량의 증가는 자연적 현상이지만 인간의 경우는 산업화와 중공업화에 따른 인위적 결과이다. 이에 다른 중금속 배출의 증가는 인체에 해로움을 끼칠 뿐만 아니라 자연을 오염시켜 병들게 하고 있다. 이러한 자연에서 나오는 생물과 물 및 공기를 먹고 마시며 사는 인간도 자연히 병들게 되어있다.

별의 삶은 청정하기 때문에 자연을 훼손하지 않으므로 자연도 청정하게 유지된다. 그런데 인간의 끝없는 탐욕은 자연을 병들게 하고 자연은 인간을 병들게 하는 악순환이 이어지고 있다. 인간의 마음이 청정하지 못하니 인간이 살아가는 자연이 청정하지 못하게 되는 것은 인간과 자연 사이의 잘못된 연기관계 때문이다. 따라서 인간이 물질에 대한 탐욕을 버리지 않는 한 이 탐욕은 만물을 병들게 하고, 이 병으로 인간은 파멸을 맞이하여 언젠가는 지상에서 영원히 사라질지도 모른다.

어떤 지식인은 병든 지구를 떠나 화성과 같은 다른 행성으로 가서 살면 된다는 피난처를 제시하기도 한다. 물론 지구의 사람 모두가 화성으로 갈 수도 없지만 문제는 인간의 강한 탐욕 때문에 인간이 가는 곳에는 반드시 자연이 오염되고 훼손된다는 것이 엄연한 역사적 증거이다. 그러므로 인간은 지구를 떠나서는 안 된다. 비록 지상에서 파멸을 맞이하더라도 지구에서 끝나도록 하고 더 이상 다른 행성의 자연을 망쳐서는 안 된다. 그렇지 않으면 자연의 섭리를 거역하기 때문에 인류는 천벌을 받을 것이다.

둘째는 별의 공간 분포를 조사하는 것이다.

회전하는 거대한 원시 은하구름에서 처음 탄생된 제1세대 별들은 은하 전체 공간에 구형으로 분포하면서 은하 중심 주위로 회전하고 있다. 제2세대의 별들은 은하 회전면(우리가 은하수라 부르는 지역이다)에 더 가까이 분포하며, 세대가 내려 갈수록 별들은 은하면 가까이서 탄생되며 또 탄생된 영역 내에서 은하 중심 주위로 회전한다. 특히 제5세대의 별들은 은하면에 분포하는 성간 물질에서 탄생되므로 은하면 내에서 은하 중심 주위로 돌고 있다. 그러므로 별들의 분포와 공간 운동을 조사함으로서 그 별들의 세대를 알 수 있다.

태양은 은하면 내에서 있으며, 초속 약 230km의 속도로 은하 중심 주위를 약 2억 5천만 년 주기로 회전하고 있다. 이런 빠른 속도로 태양과 함께 지구도 은하 중심 주위를 돌고 있지만 우리는 이를 전연 느끼지 못할 뿐이다.

인간의 경우도 오늘날처럼 세계화되기 이전에는 자기가 탄생된 지역에서 주로 생활 근거지를 삼았다. 그러나 오늘날 인간의 지혜에 따른 물질문명의 발달은 인간의 탄생 장소와 생활의 근거지를 인간의 의지대로 조정할 수 있게 되었다. 이런 인간의 행위는 유위적인 것으로 별의 무위적인 자연적 질서의 법칙과는 전연 다르다. 오히려 인간의 경우는 현대로 오면서 교통수단과 통신수단의 발달로 인간의 활동 범위는 더 넓어지고 다양해지면서 세계화 되고 있다. 그래서 국지적인 문제가 세계적인 문제로 확대되어 가고 있으며 이에 따라 인간의 탐욕도 함께 확대되며 커져가고 있다. 그 결과 세계화는 나라마다 살아 남기위한 치열한 무한 경쟁의 장場을 마련해 주고 있으며, 그리고 부의 창출을 위한 경쟁은 자연의 황폐화를 더욱 가속시키고 있다. 과연 우리는 인류가 가까운 시간 내에 지상에서 멸종되지 않고 다음 세대 또 다음 세대, 이렇게 세대가 오래도록 이어지기를 진심으로 바라고 있는 것인가?

또한 이를 위해 어떠한 준비를 하며, 후손에게 어떠한 유산을 남겨주려 하는가?

지구의 진화가 말하고 있는 바와 같이 생명은 그 앞뒤에 면면히 고리를 잇고 있는 영원적인 사멸死滅 사이에 삽입된 짧은 에피소드에 지나지 않고, 더욱이 우리의 의식적 사상은 이 에피소드 자신 속에 현재와 미래에 걸쳐 겨우 한 순간 동안 지속되는데 지나지 않는다. 사상은 실로 긴 밤의 한 섬광閃光일 뿐이다. 그러나 바로 이 섬광이 일체인 것이다. [앙리 포앙카레: 프랑스 과학자]

생멸이 끊임없이 이어지는 진화의 역사에서 생명이란 탄생에서 시작해서 소멸로 이어지는 과정으로, 과거와 미래 사이에 걸친 한 사건에 지나지 않는다. 그래서 우리의 의식적 사상은 이런 사건에서 섬광처럼 잠시 머무는 것이지만 이것이 지나온 과거 일체를 포함하며, 그리고 삶의 참된 가치를 지닌다.

자연은 자연의 법칙을 깨뜨리지 않는다. [다 빈치: 이탈리아 화가, 건축가]

자연은 무시이래로 어떠한 조작도 없이 무위적으로 흐르면서 이루어 놓은 자연의 조화로운 법칙을 스스로 깨뜨리지 않는다. 자연의 법칙을 거역하고 깨뜨리는 것은 모든 종 중에서 오직 인간뿐이다.

사람은 땅의 순리에 따르며, 땅은 하늘의 순리에 따르며, 하늘은 도의 순리에 따르고, 도는 자연의 순리를 따른다. [노자: 중국 성현]

노자는 도道를 자연의 섭리로 보았다. 그러므로 만물은 이 섭리를 따라야 한다. 하늘에 있는 별들의 생성과 소멸 및 운행이 그렇고, 지상의 모든 생물에게 양식을 주는 지구의 땅도 그렇고, 지상의 모든 생물들도 자연의 섭리를 따라 태어나 머물고 변하다가 소멸하는 생주이멸生住異滅도 그러하다. 이러한 자연의 섭리가 곧 자연의 순리이다.

고요한 밤, 흔들리는 배 뒤에서 둥근 모양을 띤 수면과 별만을 바라본다는 것은 멋진 일이다. 이런 때 우리는 자기가 무한한 우주의 한가운데 있는 작은 공을 타고 움직이고 있다는 현실에 얼마나 빼앗기는 것인가! 그와 같은 때 세계와 우리의 존재는 도대체 어디에서 와서 어디로 가는가 하는 의문이 얼마나 강하게 생겨나는 것인가! 이와 같은 때 인간의 노력과 인간의 명예 따위가 얼마나 헛되게 생각되어지는가! [슈바이처: 독일 신학자, 철학자]

수많은 별이 빤짝이는 우주 속에서 인간은 지구라는 공을 타고 움직이는 지극히 작은 평범한 존재이다. 이 순간 이런 인간이 어디서 왔으며 또 어디로 가고 있는 가라는 철학적인 물음을 하지 않을 수 없다.
이런 우주적 물음에서 인간의 노력과 명예 따위는 얼마나 부질없는 것인가! 그러므로 인간은 자연 앞에 겸손해야 한다.

별은 생명체다

동양 사상에서는 만물은 기氣로 이루어졌으며, 만물은 생의(生意 : 생명력)를 지닌 생명체로 보았다. 그래서 자연 자체를 하나의 자기 조절, 자기 조직, 자기 운동의 능력을 갖춘 거대한 초생명체로 인식했다. 이것이 만물은 마음을 가지고 있다는 범심론적汎心論的 생기론生氣論이다. 즉 생명 현상이 비물질적인 생명력이나 자연법칙으로 파악할 수 없는 원리에 의해 지배되고 있다는 이론이다.

한편 신부이면서 철학자인 이태리의 브루노(G. Bruno, 1548~1600)는 형상을 가진 물체는 생명을 지니며 이런 생명체가 지구 바깥의 우주에 무수히 많다고 주장했다. 그는 이러한 생명 사상과 지동설을 믿는다는 죄로 화형을 당했다.

또한 영국의 물리학자이면서 철학자인 화이트헤드(A.N. Whitehead, 1861~1947)는 우주 생명에서는 정신과 물질이 하나로 되었으며, 그 형태와 실체는 이 우주의 근원적 에너지 즉 우주 생명의 표현이라고 했다. 우주의 근원적 생명은 항상 창조하려는 의지生意이며, 이러한 의지는 모든 물체, 생물체, 천체에 내재되어 있으며 유기적으로 작용하고 있다고 주장했다. 그래서 원자나 분자와 같은 저차원의 유기체로부터 동물이나 식물 같은 생물로서의 유기체, 그리고 인간과 같은 지적 유기체에 이르기까지 자연은 계층적 질서를 유지하고 있다고 보았다.

만물을 구성하는 기본 단위는 분자이다. 분자들은 절대 영도인 영하 273도 이상에서는 항상 운동하고 있다. 물체가 외부에서 에너지를 받으면 그에 상응하는 분자운동이 일어난다. 이것이 넓은 의미에서 물체의 생의生意 즉 생명력으로 볼 수 있다. 다시 말하면 생명을 넓은 뜻으로 정의 할 때 만물은 생명체라는 것이다. 식물, 동물, 인간은 유기체로서 생명체이고, 돌이나 흙, 공기, 물 등등은 무기체로서 무생물로 구별하는 것은 인간이 임의로 정한 것이다. 특히 불교에서 인간처럼 감정을 가진 것은 유정有情으로 보고, 감정이 없다고 보는 식물이나 무기물은 무정無情으로 보는 것도 그릇된 인간의 유의적인 구별이다.

무한한 우주에서 보면 지구는 점보다 작고 인간은 점 속에 파묻혀 보이지도 않는다. 그러므로 인간은 우주에서 아주 특별한 존재가 아니라 지극히 평범한 우주의 한 구성원일 뿐이다. 그리고 인간 정신이란 것도 우주 구성의 한 요소일 뿐이지 아주 특별나게 대단한 것이 아니다. 그러므로 다양한 수많은 존재자들이 있는 우주를 단지 인간 중심적인 견지에서 바라보고 설명하려는 것은 지나친 큰 잘못이다. 이런 인간중심적 생각은 바로 내가 잘났다는 아상我相과 인간이 만물의 영장이라는 인상人相에서 나오는 탐욕과 인간 우월주의에 기인한 결과이다.

우물 안에서 개구리가 보는 세상은 절대로 넓을 수 없다. 21세기 첨단 우주과학 시대에서도 인간이 우물 안에만 갇혀 살 수는 없다. 이제 우물 바깥의 우주로 나와서 넓고 넓은 세상을 보고 또 이보다 더 넓은 세계가 저 넘어 있다는 것을 열린 마음으로 믿어야 한다. 이것이 소위 인간의 관점이 아닌 우주적 관점에서 보는 코페르니쿠스의 원리를 따르는 것이다.

별은 태어나 일생을 지내다가 임종을 맞아 많은 양의 물질을 바깥으로 방출하면서 일생을 끝낸다. 별의 수명은 수천만 년에서 수백억 년에 이른다. 이에 비하면 인간은 백년도 채 못 사는 일생을 가진다. 별에 비하면 지극히 짧은 일생을 사는 인간이 어찌 수백억 년을 사는 별의 일생을 이해할 수 있겠는가!

태양의 일생은 약 100억 년이다. 만약 태양의 일생을 100년으로 잡는다면 인간의 일생은 단지 32초에 지나지 않는 찰나적 인생이다. 별의 일생에 비교하면 인간의 일생은 하루살이

만도 못한 것이 우주에서 인간의 존재이다. 그런데도 우주에서 인간은 이성理性을 지닌 만물의 영장이라고 하면서 자연을 지배하려는 욕망으로 오만 방자할 수 있겠는가?

세존께서 새벽에 밝은 별을 보고 깨달은 이유를 인간 세상에서 찾지 말고 우주의 질서 속에서 찾아야 한다.

독일의 철학자 임마뉴엘 칸트도 인간의 도덕률의 근본은 인간 중심적 세계에 있는 것이 아니라 별이 빤짝이는 하늘 즉 우주에 있음을 강조했다. 이것은 우주는 살아 있다는 뜻이며, 우주를 이루는 만물은 끊임없이 생성 소멸하는 생명의 흐름이라는 것이다.

동양적 관점에서 말하면 우주에 가득한 기氣의 취산聚散 현상에 의해 생명의 탄생과 소멸이 연속적으로 이어진다는 것이다, 즉 기가 모이면 형상을 가지는 생성이 일어나고, 기가 흩어지면 형상이 없어지는 소멸이 일어난다는 것이다.

현대 물질문명에 찌든 인간 군상들은 황금을 찾듯이 땅만 보고 다닌다. 치열한 경쟁에 지친 나머지 고개를 숙이고 땅만 보며 그리고 불나방처럼 현란한 밤 불빛만 좇으며 빌딩 숲에 가려 하늘의 존재를 까맣게 잊고 살아간다.

내일의 경쟁에서 이기기 위해 인간의 생존가치가 어디에 있는 것조차 생각할 여유를 갖지 못한 채 내일 또 태양이 떠오르기만을 기다린다.

별빛이 빤짝이는 하늘을 보지 못하고 또 마음속에 별이 빛나는 하늘이 없는 한 삶의 진정한 가치는 존재하지 않는다. 비록 별처럼 살지는 못할지라도 우리는 별을 마음속에 안고 살아야 한다. 즉 우주의 질서를 마음속에 지녀야 한다는 것이다. 그러다 보면 언젠가는 깨닫게 되는 날이 올 것이다.

인간에게는 불행이거나 가난함 또는 질병이 필요한 법이다.
그렇지 않으면 인간은 곧 거만해진다. [투르게네프: 러시아 소설가]

인간은 이성적 동물로서 만물의 영장이라는 인간중심적 사상을 가지고 다른 종을 지배하면서 지나치게 거만을 떨고 있다. 이런 거만의 병을 고치려면 가난이나 질병 같은 고통을 겪어보아야 한다는 것이다. 그런데 오늘날 문제는 가난이나 질병의 고통을 겪지 않아야 할 사람들은 이런 고통을 겪고, 고통을 겪어야 할 사람들은 거만을 떨며 행복을 누리고 있다는 것이다. 이런 현상은 자본주의가 만들어 낸 이상한 법칙으로써 궁극적으로는 인류 전체가 파멸에 이르는 길을 만들어가고 있는 것이다.

참다운 미덕은 고귀한 향香과 같다. 불을 태우거나 눌러 깨뜨릴 때에 가장 향기를 발하는 법이다. 순경은 악덕을 가장 잘 나타내지만, 역경은 미덕을 가장 잘 나타내게 마련이다.

[프란시스 베이컨: 영국 정치가, 철학자]

인생은 늘 순탄하지만 않다. 거친 파도와 같은 역경이 없다면 어찌 잔잔한 바다가 있을 수 있겠는가! 만약 인생사가 마음먹은 대로 되는 순경의 역사라면 여기에는 남을 해칠 수도 있는 아욕과 아만이 들어 있어 악덕을 낳을 수 있다. 그러나 많은 어려운 고비를 거치는 역경을 겪을수록 인생의 진정한 의미를 알기에 인생의 심한 굴곡이 펴지면서 고귀한 향과 같은 미덕이 생겨나게 된다. 그리고 인생은 더욱 강해지면서 평온해진다.

일은 인류를 사로잡는 모든 질환과 비참을 치료해 주는 주요한 치료제이다. [토마스 칼라일: 영국 작가]

인간은 빈손으로 태어나기 때문에 양식을 바깥에서 구해야 한다. 그러기 위해서는 일을 하지 않으면 안 된다. 인간이 일을 함으로써 물질적 양식뿐만 아니라 정신적 양식도 함께 얻게 된다. 일하며 노력하지 않고 놀거나 휴식만 취한다면 이것은 죽음과 다를 바 없다. 일생을 통해 일을 함으로써 심신의 병을 피할 수 있을 뿐만 아니라 나아가 건강한 정신과 육체를 보존할 수 있는 것이다.

별도 마음이 있다

흙이나 돌과 같은 물질은 외부에서 주어지는 에너지에 따라 반응하고 수용할 뿐이다. 이런 것을 자연적 무위성無爲性 또는 자연성自然性이라 한다. 즉 물질 자체가 임의로 유위적인 조작을 하지 않는다는 뜻이다. 지상의 돌이나 외계에서 들어오는 운석隕石 등을 보아도 돌은 돌로서 특별한 차이가 없이 보편적이다. 그리고 금강산 돌이 잘나고 제주도 돌이 못났다는 차별이 없이 돌은 돌로서 평등하다. 모가 난 돌도 흐르는 강물에 두면 돌들 끼리 서로 부딪치고 마모되면서 둥글둥글 해진다. 그래서 처음 타고난 고유한 정체성이 연속적인 연기 작용을 통해서 사라지면서 이완상태에 이르게 된다. 결국 물질은 무위성, 보편성, 평등성, 이완성을 속성으로 하는 생의生意 즉 생명력을 가지게 된다. 물질이 우주 만물을 이루고 있으므로 물질의 생의가 곧 우주심宇宙心인 것이다. 별의 마음은 바로 이런 우주심이다.

식물은 광합성을 위해 줄기는 위로 향하고, 뿌리는 수분을 얻기 위해 땅 속으로 들어간다. 그리고 꽃가루를 날리며 번식을 한다. 이런 지향성을 가진 것이 식물의 마음이다. 그리고 식물도 물질로 이루어졌으므로 우주심이 들어 있다. 동물은 움직이며 양식을 구해야 한다. 양식이 될만한 것을 구별할 줄 아는 분별심이 있으며, 그리고 종족 본능을 가지는 동물심이 있다. 동물도 물질로 이루어졌으므로 우주심이 들어 있으며 또한 지향성의 식물심도 들어 있다. 인간도 물질로 이루어졌으므로 우주심 있고, 또 식물심과 동물심이 들어 있으며 그리고 인간은 창조하고 파괴하는 지혜놀이도 한다. 이것이 인간의 마음이다.

이상에서 살펴본 바와 같이 만물이 마음을 가지는 데 우주심이 가장 근본이며, 이를 바탕으로 식물, 동물, 인간에 따라 다양한 마음이 첨가 되는 것이다. 무생물, 식물, 동물, 인간 중에서 우주의 섭리에 가장 어긋나는 마음을 가진 것이 인간임을 알 수 있다. 왜냐하면 유의적 지혜놀이를 하며 식물과 동물을 지배하고 착취하면서 인간 마음대로 자연을 이용하는 법을 알며 또한 이들에게 막대한 피해를 끼치기 때문이다.

즉 만물의 영장이라는 인간이 자신의 이익을 위해 자연을 마구 훼손하고 파괴하기 때문에 자연의 입장에서 보면 자연에서 가장 필요하지 않는 종이 인간인 것이다. 오늘날 인간은 자연을 가꾸고 돌보아야 할 범생태적 책임 윤리를 가져야 한다는 동양의 자연존중 사상은 사라지고, 서양의 합리주의 정신에 의해 물질문명이 발달되면서 자연과 인간이 공존공생하는 자연친화적인 생명존중 사상 또한 사라지고 있다.

집착이 없는 무심無心, 집착하는 생각이 없는 무념無念으로 평상심(平常心 : 어느 한쪽에 치우치지 않고 서로 대립되는 양변을 여읜 중도의 마음)을 지니고 살아가는 하늘의 수많은 별을 볼 때 인간은 어떠한 부끄러움도 느끼지 못하는지? 어쩌면 오늘날 인간은 땅 바닥에 굴러다니는 돌보다 못할지도 모른다. 왜냐하면 돌은 우주심만을 지니고 살아가는 데 비해 인간은 탐욕과 갈애에 속박되어 인간 본래의 청정한 우주심을 발현하지 못한 채 번뇌 망상의 들뜬 불안한 생동심에 시달리고 있기 때문이다.

별의 마음은 청정한 우주심이다. 즉 탐하고, 화내고, 어리석은 탐진치도 없고, 잘났다는 자아의식도 없다. 남과 다투며 남을 무시하는 인상도 없고, 다른 별들을 무조건 따라가는 중생상도 없으며 오래 살고자 하는 수자상도 없다. 별은 오직 조상대대로 물려 받은 화학적 및 물리적 집단무의식만을 지니고 있으며 이것을 다음 세대에 물려줄 뿐이다.

즉 양식을 가지고 태어난 별의 경우는 태어날 때부터 이미 더럽고 탁하며 오염된 염오의 마음이 비워져 있기 때문에 어떠한 집착심도 없이 언제나 평상심으로 여여(如如 : 그렇고 그렇게 있는 것. 자연의 진리를 무위적으로 따르는 것)한 무아(無我 : 여러 화합물로 이루어졌으므로 나라는 실체는 없다는 것)의 경지를 이루고 있다. 그러기에 별은 언제나 가장 낮은 에너지 상태에서 가장 적은 에너지를 쓰면서 외부 반응에 순응하고 적응하며 이웃을 편안하게 해준다. 이것이 남을 널리 이롭게 하는 요익중생饒益衆生으로 이타행利他行에 해당한다. 태양이란 별이 없다면 어찌 지상의 생물이 양육될 수 있겠는가! 대승사상大乘思想에서는 보살(깨닫기 위해 수행에 힘쓰는 이)의 행行이 별처럼 요익중생의 행인 것이다.

우주심이란 우주 만물이 지니는 물질의 근본 속성으로서 자연적인 무위성無爲性, 특별한 것이 존재하지 않는 보편성普遍性, 모두가 동등한 존재가치를 지니는 평등성平等性, 고유한 정체성이 없는 이완성弛緩性 등의 특성을 지닌다. 인간도 이런 우주심을 지니고 있지만 강한 생동심에 둘러싸여 이를 잘 발현하지 못하는 것이 보통이다. 만약 이런 염오染汚의 생동심을 여의고 우주심만 발현한다면 우리는 깨달음에 이르게 된다. 이런 점에서 인간과 달리 별은 항상 깨달음의 상태에서 우주의 섭리를 따름으로 별들 사이의 인연관계는 조화롭게 이루어지고 있는 것이다.

인간도 별처럼 살고자 한다면 별과 같은 마음을 지녀야 한다. 인간의 특성은 더럽고 탁한 염탁染濁의 생동심을 지녔다는 것이다. 이것은 인간이 살아가기 위해서 양식을 밖에서 구하는 과정에서 일어나는 것이다. 그렇다면 양식을 지나치게 욕심내어 많이 구하지 말 것이며, 구하는 과정에서 탐진치를 내지 말고 남을 배려하고 또한 남과 함께 더불어 잘 지내는 올바른 연기관계를 지켜야 한다. 특히 현대와 같이 생존 경쟁이 심한 시대일수록 연기관계가 올바르게 이루어지기가 어렵다. 그래서 진리의 시대가 별과 같은 마음을 지니는 시대라면 오늘날은 별과 같은 마음이 사라진 비진리非眞理의 시대에 살고 있는 셈이다.

그러나 마음속에 빤짝이는 별을 품고 청정한 별과 같은 마음을 이끌어 내도록 노력한다면 우리의 육신이 지닌 우주심이 조금씩 발현될 것이다. 이를 위해 우리는 항상 수행하는 자세로 자신을 안정된 이완의 세계로 이끌어 가야 한다.

세 사람이 한자리에 모이면 그 의견이 모두 각각 다르다. 당신의 의견이 비록 옳다 하더라도 무리하게 남을 설복시키려고 하는 것은 현명한 일이 아니다. 모든 사람들은 설복당하기를 싫어하기 때문이다. 의견이란 못질과 같아서 두들기면 두들길수록 자꾸 깊이 들어갈 뿐이다. 진리는 인내와 시간이 밝혀 준다. [스피노자: 네덜란드, 철학자]

여러 사람이 모이면 각기 의견이 달라진다. 자신의 견해와 다르다고 해서 상대방을 무리하게 설득시키려 한다면 상대방은 더욱더 자신의 의견이 옳다고 주장할 것이다. 그래서 두 사람 사이의 의견 차이는 더욱 벌어진다. 이것은 마치 각자가 상대방에게 의견이란 못질을 하면 할수록 더욱 깊은 상처만 주게 된다는 것이다. 남의 틀린 견해를 수용하지 않는다 하더라도 일단 이것을 받아드릴 아량을 가져야 한다. 그래야 상대방을 존중하게 된다. 누가 옳고 그른가는 시간만이 밝혀 줄 것이므로 인내를 가지고 지켜보며 기다려야 한다.

행복한 때에도 불행한 때에도 자기 혼자의 일만 생각하여, 고통과 즐거움을 다른 사람과 나눌 줄도 모르고, 또한 나누려하는 마음조차 가지지 않는 사람을 어찌 훌륭하다 할 수 있겠는가. [괴테: 독일 문호]

인간은 만물과 연기관계를 맺고 있다. 그러므로 고통과 즐거움, 행복과 불행 등 좋고 나쁨을 타인과 함께 나눌 줄 모른다면 이는 연기관계를 떠난 것이므로 자신의 존재성을 잃고 마는 것이다. 이런 사람은 지나치게 이기적인 사람이거나 강한 자존심을 가진 사람이다. 그래서 타인과 마음을 서로 나누며 연기관계를 맺기를 거부하는 것이다.

수백만 개에 또 수백만 개의 별들 중에 단 하나밖에 진짜가 존재하지 않는 한 송이 꽃을 사랑하고 있다면, 행복해지기 위해서는 이 별들을 바라보기만 하는 것으로 충분한 것이다. 그 사람은 말한다. "내 꽃이 저 어딘가에 있다." 그러나 양이 이 꽃을 먹어버리고 만다면, 그것은 갑자기 모든 꽃이 사라져 버린 것과 마찬가지인 것이다! 그런데도 이것이 중대 문제가 아니라고 말한다! [생텍쥐페리: 프랑스 소설가]

수많은 별들 중에 나의 꿈속의 한 송이 꽃을 사랑하고 있다. 그런데 양이 이 꽃을 먹어버린다면, 모든 별과 꽃은 사라져버릴 것이다. 그러면 나의 꿈은 사라지고 만다. 그런대도 이것이 중대한 문제가 아니란 말인가? 이와 같은 어린 왕자의 꿈처럼 꿈이 없는 세상이란 있을 수 없다. 별처럼 순수한 꿈을 가진 자는 그 마음이 청정할 것이다.

지구와 인간은 별에서 왔다

인간의 탄생은 태양계의 탄생과 연관된다. 회전하는 원시 태양계 성운의 중력 수축으로 중심부에서 태양이 탄생되고, 그 주위에 있는 성간 물질에서는 작은 물체들이 형성된다. 이들 물체들을 미행성微行星이라 하며, 이들이 서로 충돌하고 결합하는 과정에서 행성들이 생겨났다. 지구도 이러한 과정을 거치면서 탄생되었다. 태양계를 탄생시킨 물질이 별에서 왔으므로 지구도 별에서 온 것이다.

행성들이 생긴 후에도 태양계 내에는 수많은 작은 미행성들이 남아 태양 주위를 돌면서 행성들과 잦은 충돌을 일으키게 된다. 원시 태양계 물질로 구성된 미행성들 중에서 태양에 가까이 있는 것은 태양의 높은 열 때문에 수소나 물 성분 같은 가벼운 원소와 물질은 모두 증발하므로 비교적 무거운 원소를 많이 함유하게 된다. 그러나 태양에서 멀리 떨어진 곳에서는 공간의 온도가 낮기 때문에 여기서 생기는 미행성들은 주로 얼음이나 아이스(H_2O, 암모니아, 메탄 같은 휘발성 물질을 통칭함) 같은 물질을 많이 함유하게 된다.

태양 부근에 있는 미행성들은 비교적 무거운 물질로 이루어졌다. 이들의 충돌 결합과정으로 행성이 형성될 때 높은 열이 발생함으로 물질은 거의 용융상태에 이른다. 그래서 철이나 니켈 같은 무거운 원소는 행성의 중심부로 들어가고, 규소 같은 가벼운 물질은 행성 외부를 이루게 된다. 이와 같은 과정에서 대기나 물이 존재하기는 어려우며 비록 조금 존재한다 하더라도 높은 열 때문에 대부분은 행성 바깥으로 증발되어 이탈해 버리게 된다. 그러면 지구와 같은 행성에서 현재 가지고 있는 대기와 많은 물은 어디에서 온 것인가?

태양에서 멀리 떨어진 곳에서 생긴 미행성들이 태양 가까이 지나면서 지구와 충돌하게 되면 많은 양의 물과 공기를 제공해 주게 된다. 예를 들면 긴 꼬리를 내며 태양 가까이 접근하며 지나가는 혜성들은 태양에서 멀리 떨어진 곳에서 생긴 원시 미행성의 잔해이다. 혜성은 전체 질량의 80% 이상이 물의 얼음으로 구성 되었으며 또한 많은 유기화합물을 포함하고 있다.

결국 지상의 많은 물과 공기는 이런 혜성의 잦은 충돌에 의해 제공된 것으로 본다. 물이 있기 때문에 약 40억 년 전부터 유기화합물에서 생명의 탄생이 시작되고, 또 약 20억 년 전부터 식물의 광합성으로 산소가 발생하게 되어 현재와 같이 산소가 지구 대기의 21%를 차지하게 되었다. 그리고 오랜 진화 과정을 거쳐 약 6,500만 년 전에 영장류가 등장하고, 약 300만 년 전에 유인원이 등장하고, 약 30만 년 전에 두 발로 걷고 도구를 사용하기 시작한 호모 사피엔스(현명한 인간)에서 인간으로 진화되어 오늘에 이르게 된 것이다.

그러면 인간의 씨앗은 어디에서 온 것인가? 혜성은 원시 태양계 물질에서 형성된 것이다. 혜성이 지구와 충돌하면서 유기물질(탄소를 주 성분으로 함유하고 있는 물질)을 지구에 제공하고 이 속에 생명의 씨앗이 되는 유기화합물이 들어 있었다는 결론이다. 실제로 혜성에서 유기화합물이 발견되고 있다. 뿐만 아니라 지구에 떨어진 암석 성분의 석질운석에서도 생명 합성에 유용한 많은 유기화합물이 발견되고 있다. 그렇다면 인간을 구성하는 물질과 태양을 구성하는 물질의 성분이 비슷해야 한다. 왜냐하면 혜성의 구성물질은 바로 태양의 구성물질과 같기 때문이다.

표1〉 인간과 태양의 구성 성분(%) ※ 원소의 개수 비율

태 양	지 구	지구 대기	인 간	박테리아
수소 93	산소 50	질소 78	수소 63	수소 61
헬륨 6.5	철 17	산소 21	산소 29	산소 26
산소 0.06	규소 14	알곤 0.93	탄소 6.4	탄소 10.5
탄소 0.03	Mg 14	탄소 0.011	질소 1.4	질소 2.4
질소 0.011	황 1.6	네온 0.002	인 0.12	칼슘 0.23

표1에서 태양, 지구, 지구 대기, 인간, 박테리아 등의 구성 성분을 표시했다. 태양의 구성 성분은 수소, 헬륨, 산소, 탄소, 질소 순서로 그 양이 감소해 간다. 인간과 박테리아의 경우에 구성 성분은 수소, 산소, 탄소, 질소 차례로 그 함량이 줄어든다. 헬륨 원소는 휘발성이 매우 강하므로 다른 원소와 잘 결합하지 못한다. 그래서 헬륨 원소를 제외하면 인간이나 박테리아의 구성 성분의 함량 순서는 태양과 동일하다. 만약 인간의 씨앗이 지구에서 왔다면 인간은 주로 산소와 철, 규소로 이루어져야 한다. 그리고 지구 대기 성분으로 구성되었다면 인간은 주로 질소와 산소로 이루어 져야 한다. 그러나 실제는 그렇지 않다. 이로 미루어 보아 인간의 씨앗은 지구상에서 온 것이 아니라 분명히 외계에서 왔다는 것을 알 수 있다.

태양계를 구성하는 원시 태양계 물질은 그 전 세대의 별들이 죽으면서 방출된 물질이다.

이 물질에서 태양, 행성, 위성, 혜성 등의 태양계 천체와 그리고 인간이 탄생한 것이다. 결국 인간도 태양과 같은 별인 셈이다. 그리고 우리 은하계에서 태양이 제4세대의 별이므로 인간도 제4세대의 별에 해당한다. 그러므로 인간에게는 조상 대대로 내려온 별들의 잠재의식이 내재해 있으며 다른 별들과 같이 우주심을 지니고 있는 것은 분명한 사실이다.

의상대사의 법성게 중에서 '일미진중함시방一微塵中含十方'이란 말이 있다. 이것은 하나의 티끌 속에 우주가 들어 있다는 말이다. 우리가 집안에서 흔히 보는 티끌이 단순한 티끌이 아니라 태초에 별이 생기고 죽고 하면서 세대를 이어 오는 동안 누적된 우주적 정보가 한 티끌 속에 들어 있다는 것이다. 그리고 티끌 속에 우주심도 들어 있다. 결국 이 세상의 만물은 별로부터 왔으며, 또한 인간의 근본심(또는 眞如心)이 바로 우주심인 것이다. 그러므로 자연에 있는 만물을 생명이 없는 한갓 물질로 보는 것은 인간 중심적이고 생명 경시 사상에 근거한 인간의 근본적인 잘못이다.

우리가 밤에 하늘의 별을 쳐다보면서 두려움보다는 신비로운 친근감을 느끼는 것도 별들이 우리의 형제이며 조상이기 때문이다. 그러니 우리가 어찌 별과 같은 마음을 가지지 않을 수 있겠는가? 다만 이런 마음 즉 우주심이 먹고 살아가는 양식을 구하는 과정에서 생겨나는 염오의 생동심에 가려져 잘 나타나지 못할 뿐이다. 우리가 별처럼 살려면 하늘의 별들을 보고 이들이 속삭이는 소리를 들을 줄 알아야하며, 그리고 하늘에 펼쳐져 있는 우주의 섭리를 올바르게 읽을 줄 알아야 한다. 우리가 태어나는 곳도 우주이고, 죽어서 돌아가는 곳도 우주이다. 그러니 어찌 한시라도 우주의 진리를 떠나 살 수 있겠는가!

이 세상의 어느 것 하나에도 나와 관계없는 것이 없다. 인류의 문제도 나의 일이며, 도덕의 문제도 나의 일이다. 진리와 자유와 인도와 정의의 문제를 추궁함도 나의 일이다. 순전히 자신의 일만을 생각하는 에고이스트는 부끄러워하라! [아우구스티누스: 로마 철학자, 사상가]

인간 세상은 모두가 연기적 관계 속에 있다. 그래서 나와 관계 되지 않는 것이 없다. 예를 들어 인류의 문제, 도덕의 문제, 진리나 자유, 인도, 정의 문제 등등 모두가 인류 전체의 문제인 것이다. 우리가 개인적인 문제라고 생각하는 것도 실제는 공동의 문제로 서로 얽혀 있는 것이다. 만약 순전히 자신만의 일로 생각하는 사람은 남을 배려하지 않는 이기주의자인 것이다. 올바른 연기적 세계에서는 이러한 이기주의가 결코 용납될 수 없으며 또 오래 지속될 수도 없다.

이 세상의 참다운 행복은 남에게서 받는 것이 아니라 내가 남에게 주는 것이다. 그것이 물질적이든, 정신적이든, 인간에게 있어서 가장 아름다운 행동이기 때문이다. [아나톨 프랑스: 프랑스 소설가, 평론가]

인간사는 서로 주고받는 연기관계에서 이루어진다. 이때 남으로부터 받기만한다면 올바른 연기관계가 이루어질 수 없다. 나도 남에게 주어야 한다. 인간은 받는 것보다 주는 것에서 기쁨을 느껴야 한다. 물질적이든, 정신적이든 남에게 베풀고 보살피는 보살 정신이야 말로 인간이 살아가며 해야 할 진정한 도리인 것이다.

우주적 견지에서 본다면 우리의 생명과 경험은 인과적으로는 거의 중요하지 않다는 것을 나는 깊이 믿어 왔다. 나의 상상력은 천문학의 세계에 지배되고 있으며, 나는 여러 은하계에 비한다면 이 지구라고 하는 행성 따위는 하찮은 것이라는 것을 강하게 의식하고 있다. [버트란드 러셀]

광대무변한 우주적 관점에서나 수천억 개의 별로 이루어진 은하계에 비하면 지구라는 것은 하찮은 존재이다. 그리고 인간의 생명과 경험은 더욱 미미한 것에 지나지 않는다는 것을 알 수 있다. 이처럼 천문학적 관점에서 보면 인간 존재와 인간에 의한 모든 활동은 지극히 국소적이며 하찮은 것에 지나지 않는다. 그러므로 인간은 자연을 지배하고 착취하면서 마구 파괴하지 말고 자연 앞에 겸손하며 자연의 이법에 순응해야 마땅하다.

별과 다른 인간의 마음

눈, 코, 귀, 혀, 몸 등 5관을 통해서 외부의 정보가 들어오는데 이를 전오식前五識이라 한다. 이 정보는 신경 계통을 통해서 대뇌(마음)에 전달된다. 그러면 마음의 가장 근본을 이루는 정보실에서 외부 대상이 무엇인지를 판별하여 의식과정을 통해서 인식한다. 이렇게 인식되는 세계가 세상인 것이다.

예를 들어 장미꽃을 보고 이것의 영상이 대뇌에 전달된 것을 상분相分이라 한다. 그러면 대뇌 즉 마음의 정보실에서 저 꽃은 어떤 꽃인가를 판별해낸다. 이와 같은 마음의 작용을 견분見分이라 한다. 장미꽃이라는 것을 알아내어 의식에 전달되면 "저 장미꽃은 내가 좋아하는 꽃이다."라고 인식하게 된다. 결국 인간은 올바른 상분에 대해 올바른 견분을 낼 때 올바른 인식이 이루어지는 것이다. 올바르지 못한 상분이 들어오면 바른 견분이 생기지 않거나 또한 바른 상분이 들어와도 견분을 바르게 내지 못하면 올바른 인식이 이루어지지 않는다.

흔히 '일체유심조一切唯心造'라 한다. 이것은 일체의 인식은 마음이 짓는 것이란 뜻이다. 그렇다고 해서 대상을 자기 마음대로 생각하고 외부 대상을 무시하는 것이 아니다. 단지 마음에 투사된 외부 대상의 상분을 통해서 견분을 내는 것이지 외부 대상을 직접 대상으로 해서 견분을 내는 것이 아니다. 이것은 마치 디지털 카메라로 사진을 찍으면 액정화면에 나타난 영상을 보는 것처럼 우리의 인식도 마음에 투사된 상분을 대상으로 견분을 내어 식별하고 판별하는 것이다.

인간의 마음에는 탐욕[貪], 화냄[瞋], 이법理法에 대한 어리석음[痴] 등이 주로 나타나는 제6식인 의식意識이 있고, 또 자기중심적인 강한 자아의식自我意識 있으며 이를 제7식 말나식이라 한다. 그리고 조상 대대로 이어져 오는 집단무의식과 살아오는 생활환경과 교육환경에 따라서 얻어지는(훈습되는) 정보들이 종자식種子識으로 저장되는 제8식 아뢰야식이 있다. 전오식에서 제8식 아뢰야식에 이르는 마음은 주로 마음을 들뜨게 하는 번뇌 망상의 염오식을 일으키는 것으로 생동심이라 한다.

인간의 마음에서 가장 중요한 것은 아뢰야식이라. 여기에는 집단무의식과 훈습薰習된 종자식, 그리고 생리적 정보가 담긴 집지식執持識이 들어 있다. 우리가 학습하며 배워 얻는 지식과 사람들로부터 들어 얻는 여러 정보도 모두 아뢰야식에 저장된다. 실제 생활에서 가장 활발하게 작용하는 것이 바로 아뢰야식이다. 그래서 아뢰야식은 폭류瀑流처럼 흐른다고 한다.

이러한 아뢰야식은 그 사람의 성격이나 성품을 결정하는 주요 요인이기 때문에 여간해서 고쳐지기가 어렵다. 예를 들어 한 가문에서 조상 대대로 내려오는 혈통과 가풍이 바로 집단무의식에 해당한다. 그래서 김해 김씨의 가문과 전주 이씨 가문이 가지는 집단무의식 사이에는 큰 차이가 있을 수 있다.

그리고 집단무의식 속에는 그 민족의 전래되는 신화적 무의식도 내재해 있다. 우리 민족에는 단군 신화적 민족정신이 우리 민족의 아뢰야식에 들어 있다. 따라서 적어도 된장과 김치를 먹는 한 우리 민족의 고유한 집단무의식을 벗어날 수는 없다.

사람과 사람 사이의 인연관계에서 가장 중요하게 작용하는 것도 궁극적으로는 아뢰야식이다. 좋은 인연을 맺으려면 바른 아뢰야식을 가진 사람을 만나야 한다. 그렇지 않으면 아뢰야식에서 나오는 정보가 자아의식이나 탐진치를 자극하여 생동심을 일으킴으로서 좋은 인연을 악연惡緣으로 만들 수도 있다. 수행이 아주 깊은 사람은 상대방의 아뢰야식을 읽을 수 있게 된다. 그러나 보통 사람들은 이기적인 생동심 속에 깊이 갇혀있는 아뢰야식을 쉽게 알아차리기가 어렵다. 그래서 인간관계가 쉽지 않는 것이다.

이 세상에서 모든 것은 인연 따라 생겨나고 소멸한다. 소위 우주 만물은 인연의 법칙을 따르면서 진화한다. 인연에서 인因이란 결과를 얻을 내부의 직접적인 원인이고, 연은 인을 도와 결과果를 낳는 외부의 간접적인 원인이다. 또는 인은 원인이고 연은 조건에 해당한다. 이 조건에 따라서 과果가 생기는 것이다. 이처럼 모든 현상은 단독으로 존재하는 것이 아니라 상호 연관된 상태에서 원인이나 조건에 의해서 성립한다.

사람들 사이의 인연관계도 결국에는 아뢰야식을 바탕으로 하는 자아의식과 탐진치를 지닌 의식들의 상호관계이다. 아무리 좋은 씨앗[因]이라도 양분을 제대로 공급받지 못한다면[緣] 씨앗이 잘 못자라 싹이나 열매를 맺기는 어려워진다.[果] 즉 인이 연을 잘못 만나 올바른 과를 얻지 못한다는 것이다. 인이 좋은 연을 만나려면 세상을 제대로 볼 수 있는 안목(마음)을 가져야 하고 또 그런 사람을 만나야 하는 것이다.

의식, 자아의식, 아뢰야식 등은 사람의 마음을 들뜨고 흥분시켜 번뇌 망상을 일으키는 생동심이다. 이런 마음이 항상 나쁜 쪽으로만 일어나는 것은 아니다. 그러나 대체로 일상생활에서 생동심은 번뇌 망상을 동반해서 일어나는 것이 보통이다. 그래서 사람과 사람 사이의 인연관계가 어렵고 복잡해지는 법이다.

인간이 수행을 통해서 번뇌 망상의 염오의 생동심도 버리고 또 미세한 아뢰야식마저 여읜다면 그는 깨달음에 이르게 된다. 즉 청정한 우주심만 남게 된다. 이것이 별과 같은 마음이며, 이런 마음을 지니고 산다면 그는 별처럼 살아가는 것이 된다. 그리고 원래 집단무의식 속에 지니고 있는 별의 조상 대대로 내려오는 때 묻지 않은 청정한 무구식無垢識을 발현하게 되며, 그리고 별처럼 우주의 진리를 나타내는 반야지혜의 빛을 발하게 된다.

속으로 생각해도 입 밖에 내지 말며,

서로 사귐에는 친해도 분수를 넘지 말라.

그러나 일단 마음에 든 친구는

쇠사슬로 묶어서라도 놓치지 말라.

[셰익스피어: 영국 극작가]

주고받음의 연기관계에서는 서로가 엄격히 계율을 지켜야 한다. 그래서 친해도 상대방에게 함부로 말하지 말고, 분수를 넘지 않도록 조심스럽게 행동해야 한다. 그리고 친할수록 좋은 연기관계를 오래도록 이어갈 수 있게 조심하며 노력해야 한다.

사람들이 〈기쁨〉이라 생각하고 있는 것을
현자들은 〈고통〉이라 말하고 있다.
사람들이 〈고통〉이라고 생각하고 있는 것을
현자들은 〈기쁨〉이라고 말하고 있다.

[숫타니파타]

기쁨에는 고통이 들어 있고, 고통에는 기쁨이 들어 있다. 그래서 기쁨이 나타나면 고통이 숨고, 고통이 나타나면 기쁨이 숨는다.
즉 고통과 기쁨은 이중적 동거성을 지닌다. 사람들이 기쁨이라고 말할 때 현자가 고통이라고 말하는 것은 바로 기쁨 뒤에 고통이 있다는 것을 보여주는 것이다. 고통이 곧 뒤따라올 수도 있는 데 그것을 모르고 기쁨에만 도취되는 것은 지극히 그릇된 판단이다.
왜냐하면 기쁨이나 고통 모두 불안정한 들뜬 마음을 나타낸다. 그러므로 기쁨이나 고통 어느 한쪽에 치우치는 것은 올바르지 못하기 때문에 현자는 어느 쪽에도 치우치지 않는 중도를 취해야함을 보이는 것이다.

예술만이 행복을 가져다준다. 그리고 내가 예술이라 일컫는 것은 자연의 연구이다. 자연과의 끊임없는 친교이다. [로댕: 프랑스 조각가]

인간과 자연 사이에서 일어나는 연기관계에서 우리는 무위적 자연으로부터 정직한 자연의 이법을 배우는 것이다. 진정한 예술이란 바로 이러한 이법과 끊임없이 친교를 맺어가며 심오한 교감을 얻는 것이다. 그래서 자연의 생명이 깃든 예술에서 우리는 행복을 느낀다.

남이 보지 않고 혼자만이 있을 때의 행동을 삼가해라. 이것을 마음속에 새겨 두고 그 생각을 게을리 하지 않으면 모든 그릇된 생각이 자연히 일어나지 않을 것이다. [이율곡(이이): 조선시대 학자, 정치가]

우리는 해야 할 것과 하지 말아야 할 금기禁忌사항을 엄격히 지키는 계율을 따라야 하며, 항상 안정되고 고요한 정의 상태를 유지하며, 바른 진리에 따라 사고하며 행하는 지혜를 지녀야 한다. 이러한 계·정·혜는 남이 보든 보지 않든 철저히 지켜져야 한다. 그렇지 않으면 그릇된 생각이 쉽게 일어나 남에게 피해를 줄 수 있다.

별의 생사의 순환

성간 물질의 중력 수축으로 별이 탄생된다. 별은 태어날 때 가진 양식에 따라 별의 진화 경로가 정해져 있다. 즉 별의 일생이 태어나면서 결정된다는 것이다. 초기 질량에 따라 일생의 기간이 끝날 때쯤이면 많은 물질을 바깥으로 방출하면서 초고밀도의 잔해를 남기고 생을 마감한다. 그런데 별의 죽음은 빛을 내지 못하는 상태로 변화 되었을 뿐 방출된 물질은 새로운 별을 잉태시키는 씨앗으로 순환한다. 즉 별이 처음 태어난 상태 때와 비슷한 성운으로 되돌아간다는 것이다. 그러므로 별이 죽지만 영원히 사라지는 것이 아니라 새로운 별로 태어난다는 것이다.

인간은 어떠한가? 인간의 탄생은 정자와 난자가 만나면서부터 시작한다. 모태에서 어느 정도 자란 후 세상 밖으로 나오면서 양식을 구하기 시작하고 이때부터 일생이 시작된다. 별과 달리 인간에게는 정해진 인생의 길이 없다. 주어진 환경에 따라서 성장과정이 달라지고 이런 것이 훈습된 정보로 아뢰야식에 저장된다. 그래서 인간이면 누구나 경험하는 고통과 번뇌의 과정과 상태가 달라진다. 즉 인간이 태어날 때는 거의 순수한 청정심을 가지지만 성장 과정에서 번뇌 망상의 염오심인 생동심이 생긴다.

그래서 인간은 태어날 때는 청정한 자유인이나 살아가면서 연기라는 쇠사슬에 얽매여 생동심이 일어나는 것이다.

인간이 살아가면서 마음을 닦는 수행을 어떻게 하느냐에 따라서 그 사람의 인생행로가 결정된다. 수행을 잘 이루어 가는 사람의 인생은 비교적 안정되고 평안한데 비해서 마음을 잘 닦지 못한 인생은 불안정하며 굴곡이 많아진다.

그리고 올바르게 살아가는 사람은 가족이나 이웃과 인연을 맺으며 좋은 과果를 남겨 올바른 종자식을 아뢰야식에 심어준다. 그러나 삶이 올바르지 않으면 좋은 인연을 맺을 수 없기 때문에 올바른 과를 만들지 못하게 된다. 그래서 남에게 좋은 종자식의 아뢰야식을 심어주지 못하게 된다.

우리는 흔히 생의 윤회(輪廻 : 원 뜻은 流轉으로 흐르는 것. 또는 세계. 불교에서는 미혹한 세상의 것으로 삼계(三界 : 欲界-식욕, 성욕의 세계, 色界-욕심이 없는 세계, 無色界-형태가 있는 것은 일체 없는 정신 세계)와 육도(六道 : 지옥, 아귀, 아수라, 축생, 인간, 천상)로 생사를 반복하는 것을 뜻함)에 따른 환생還生을 이야기 한다. 착하게 바르게 살아간 사람은 죽은 후 다시 그 업보로 좋은 사람으로 태어날 수 있다. 그러나 악하게 살다가 죽으면 그 죄과로 구렁이 같은 축생(畜生 : 동물, 짐승)이나 아귀(餓鬼 : 굶주림, 목마름, 고통에 괴로워하는 死者)로 태어날 수 있다는 것이다. 이와 같은 환생의 이야기는 수 세기 전부터 고대 인도에서 전해 내려오는 것으로 죽은 후 영혼이 떠돌아다니다가 어느 몸에 들어가 생을 받아 태어난다는 것이다. 이러한 영혼설이나 환생설은 방편적인 것으로 살아서 착하고 올바르게 남과 좋은 인연관계를 맺으며 잘 살아 가라는 교훈적 이야기로 볼 수 있다.

불교에서는 영혼을 육체와 분리하지 않는다. 즉 물심불이物心不二로서 육신과 정신은 둘이 아니라는 것이다. 그리고 석존께서는 "석존이 사후에 존재하는가?"라는 질문에 무기(無記 : 대답하지 않고 침묵을 지킴)로 응했다.

오늘날 우리나라 불교에서는 윤회설에 따른 환생설還生說을 불교의 진리처럼 이야기하는 경우가 많다. 그렇다면 이런 경우에 불법에서 언급하는 물심불이를 어떻게 설명할 수 있는 것인지? 이 세상에는 속제(俗諦 : 세간에 따라 假設한 여러 가지 가르침. 낮은 진리)와 진제(眞諦 : 궁극적 진리. 깨달음에 관한 진리)가 있다. 윤회설이나 환생설은 속제로서 세속에서 방편으로 쓰이는 언설言說이지 궁극적 진리를 나타내는 진제는 아니다.

윤회설을 진제로 설명한다면 인간이 생을 다하고 죽음으로 멸하면 한줌의 재만 남는다. 이것은 땅에 뿌려져 영양분으로서 생명을 탄생시키는 역할을 한다. 이로부터 식물이 자라 꽃을 피우고 열매를 맺으면 동물이 이를 따먹고 살아가며, 인간은 다시 식물이나 동물로부터 영양분을 취하면서 살아간다. 이런 순환 과정이 바로 실제적이고 현실적인 윤회이다. 이러한 윤회에서는 통속적인 환생설이 적용될 수 없다.

한편 노벨상을 수상한 신경과학자인 에델만(G.M. Edelman)은 마음은 물질에서 나오므로 마음은 신경생물학의 틀에서 해명되어야 한다고 했다. 그리고 의식은 뇌신경 세포간의 진화론적 선택 기구에 기초해서 이해되어야 한다고 보았다. 이처럼 정신의 문제를 과학적으로 해명하고자 하는 현대에서 통속적인 윤회나 환생에 대한 집착은 생의 인연을 완전히 끊지 못하고, 지난 과거에 만든 업보業報에 따라 영혼(정신)이 여러 형태로 다시 생을 받아 나온다는 것으로 지극히 비과학적이다. 우리는 죽음의 노예가 되어서는 안 된다. 죽음은 죽음으로서 끝날 뿐이므로 죽음으로부터 완전히 해방되어야 한다. 내세來世는 우주에 맡겨두고 한 줌의 재로 조용히 사라지는 것이 다음 생명의 탄생을 위한 축복이 되고 또한 우주 생명의 순환의 이법을 따르는 길이다.

누구나 태어나면 천천히 죽음으로 진행해 간다. 비록 젊은 시절에 찬란한 영화를 누렸다 하더라도 이 기간은 찰나에 불과하며, 결국 임종을 맞아 죽음으로 끌려가게 된다. 그러면 인간은 죽음으로 영원히 사라지는 것인가?

인간에게는 두 가지 생명이 있다. 하나는 죽음을 통한 단멸적인 생동심의 소멸이다. 따라서 더 이상 번뇌나 고통이 존재하지 않는다. 둘째는 영속적인 우주심의 순환이다. 죽어서 남는 한 줌의 재는 물질로서 우주 만물이 지니는 속성인 우주심을 가지고 있다. 이것은 다음 세대의 생명이 탄생되는 씨앗으로 영양분을 제공해 준다. 즉 별처럼 인간도 흙에서 와서 흙으로 돌아가는 순환을 계속한다. 흙은 살아 있는 생명체로서 만물을 양육한다. 마치 성운에서 별이 형성되고 또 별이 죽어 성운을 만들면 여기서 다음 세대의 별이 탄생하는 것과 같은 이치이다.

그러므로 만물은 생사를 통해 영원히 사라지는 것이 아니라 우주심으로 순환될 뿐이다. 단지 별과 달리 인간에게는 생동심이라는 것이 더 있다. 이것은 인간의 죽음과 함께 소멸된다. 인간의 죽음이 영원한 죽음이 아니라 다음 생명의 씨앗이 된다고 생각한다면 죽음을 어찌 두려워하며 슬퍼할 수 있겠는가! 그러므로 우리는 죽음을 초월해서 별과 같이 조용히 죽음을 받아드릴 준비를 해야 한다. 이를 위해 인간은, 잘 사는 법을 알려면 먼저 잘 죽는 법을 젊었을 때 미리 배워두어야 한다는 것이다.

흔히 죽은 자의 환생을 이야기하고 또 믿기도 한다. 그러나 환생은 있을 수 없다. 왜냐하면 죽음과 함께 인간의 조건인 생동심이 전부 소멸하기 때문이다. 즉 죽음과 동시에 생동심의 정신은 육신과 함께 완전히 사라진다. 그러니 어디에서 그 사람의 정신(영혼)을 다시 찾을 수 있겠는가?

마치 이 순간순간을 최후의 것인 양 생각하라.
그와 동시에 어떠한 순간도 더 이상 갈 수 없는 완성된 것이라고 생각하지 말라! 더 높은 곳이 있고, 그보다 더 높은 곳을 위한 하나의 수단이 있다고 생각하면서 인생에 처해야 한다. [게오르그 지멜: 독일 철학자]

순간순간이 모여 영원을 이룬다. 그러므로 한 순간이 최후인 양 순간에 충실하되 이것이 완성된 끝이라고는 생각지 말라는 것이다. 그래서 항상 더 높은 향상된 순간을 향해 매진해야 하는 것이 인생이다. 인간이 깨달음을 향해 더 높은 단계로 정진하며 나아감을 향상일로向上一路라 한다.

현재라는 것은 순간을 말한다. 순간에 사는 것이 인생을 경험하는 것이며 이 순간 속에 영원을 발견하는 사람만이 인생을 극복한 사람이다. 현재 이 순간을 떠나서는 우리라는 것도 없고 세계도 인생도 없다. 이 현재의 순간을 놓쳐버렸을 때 그것은 바로 인생을 놓쳐버린 것이 된다. 그리고 다시 회복할 수 없는 영원한 것을 놓쳐버린 것이다. [아우구스티누스: 로마 철학자, 사상가]

시간이란 순간순간이 모여 흘러가는 것이다. 현재란 과거와 미래 사이에 있는 순간이다. 우리의 삶이란 바로 순간이란 현재의 것이며, 인생이란 순간이란 과정의 연속인 것이다. 그래서 한 순간 즉 한 과정을 놓치면 그 순간의 인생은 영원히 잃어버리게 된다. 따라서 인생이란 현재의 산물의 연속이므로 현재에 충실하지 않으면 탄생의 가치를 올바르게 구현할 수 없다.

현명한 자는 살 수 있을 때까지 사는 것이 아니라 살지 않으면 안될 만큼 산다. [몽테뉴: 프랑스 사상가]

살 수 있을 때까지 사는 것은 죽지 않기 때문에 억지로 사는 것에 불과하다. 그러나 현명한 자는 생사를 초월함으로 오래 사는 것에 집착하지 않는다. 그래서 살아갈 가치가 있을 때까지 사는 것이다. 우리는 죽기 아니면 살기라는 생각을 가지고 인생에 항상 긴장한 상태로 최선을 다할 때 비로소 가치 있고 품위 있는 죽음을 맞이할 수 있게 된다.

진리의 탐색이 시작되는 곳에 있어서 항상 인생은 시작되는 것이다. 진리에 대한 탐색이 중단된다면 인생은 거기서 끊어지고 만다. [존 러스킨]

인생의 궁극적 목표는 자연에 순응하고 적응하면서 진리를 찾아내는 것이다. 이러한 진리의 탐색이 없다면 인간으로서의 가치가 소멸되면서 인생은 거기서 끝나게 된다. 이런 상태에서는 남과의 연기적 관계에서 아무런 기여를 할 수 없을 뿐만 아니라 오히려 방해물이 될 수도 있다.

뿌리가 생명의 흐름 속에 있다면

사람은 연꽃처럼 수면에 떠오르고, 꽃을 피우며, 열매를 맺을 것이다.

쇠퇴도 죽음도 성장의 일부이기 때문에

그는 마르고 시들게 되는 것을 두려워하지 않는다.

[헨리 밀러: 미국 소설가]

뿌리가 살아 있다면 연꽃이 피고 열매를 맺게 된다. 이처럼 열매를 맺고 사라지는 연꽃은 죽어도 죽는 것이 아니다.

왜냐하면 연꽃은 다음 생을 잉태시키는 열매 속에 살아 있는 것이다.

그래서 쇠퇴도 죽음도 성장의 일부라고 하는 것이다. 이런 점에서 생과 사는 같은 것이라고 한다.

밤하늘의 별들이 홀로 있는 것처럼 보이지만

반 이상은 둘, 셋 또는 그 이상의 별들이 모여있다.

chapter 4.

잘못된 업보

큰 소나무 밑에 정한수 한 그릇 떠놓고 가족의 소원 성취를 빌며, 큰 바위 앞에서 자식의 건강을 빌고, 강물에 자식을 팔아 앞으로 물에 의한 피해를 면해주도록 비는 어머니와 할머니가 계시던 그 옛날, 그때는 인간이 자연의 섭리에 순응하던 진리의 세계였다. 그런데 오늘날은 인간의 이성적 우월성과 합리적 사상이 서양에서 들어오면서부터 인간이 자신들의 편익을 위해 자연을 정복해서 노예로 만들어 이용하는 비진리의 시대로 바뀌었다. 산업화 시대를 거쳐 오늘날의 첨단과학 시대에 이르면서 필요한 재료와 에너지를 모두 자연에서 마구 착취해오고 있다. 경제인은 이익 창출을 위해서, 정치인은 그들의 권력 유지를 위해서 자연의 피해와 파괴를 인간의 행복 창출로 위장 해오고 있는 것이다.

화학 연료를 쓰면서 뿜어져 나오는 물질은 대기를 오염시키며, 화학 비료를 쓰면서 땅과 물은 오염되고, 유전자 조작에 의한 곡물 재배는 인간의 생리적 변화에 위험을 안겨 준다. 대량 생산에 의한 대량 폐기물은 땅과 물을 썩게 한다. 재료와 에너지 자원을 얻기 위해 땅은 마구 파괴되며 그리고 울창한 살림은 사라지면서 생명의 종種도 함께 사라져 간다. 이에 따라 대기는 오염되며 인간 생존에 필수적인 산소의 양은 줄어들고, 지상의 생명체를 보호하는 오존의 양이 증가하고 있다. 한편 이산화탄소의 증가로 대기의 온실효과가 높아져 대기의 온도는 상승하고, 이에 따라 북극과 남극의 얼음이 녹으면서 바닷물이 증가하고 대기 순환에 변화가 일어나고 있다.

지구는 살아 있는 생명체다. 지구 내부에서 지열이 나오고, 바닷물의 증발로 구름이 생기면 비가 와서 대륙을 적시며 생물을 양육한다. 물은 다시 강과 바다로 흘러 들어간다. 그리고 바닷물은 온도 차이에 따라 거대한 해류를 이루며 고기들은 이 해류를 따라 생존하며 이동한다. 해류의 순환, 대기의 순환, 지판地板의 이동 등 이 모든 것이 지구가 살아 있기 때문에 생기는 결과이다. 그런데 오늘날 이런 대기와 바닷물의 흐름에 변화가 일고 있다. 그 결과 이상 기후와 바닷물의 이상 온도 변화로 지상에 커다란 변화가 일어나고 있다.

인간이 자연에 변화를 일으키면 자연은 이를 수용하고 적응해 나가며 변화 한다. 이런 변화가 어느 정도 누적되면 자연은 급격한 혼란 상태를 유발하며 새로운 안정상태를 찾아 간다. 현재 지구는 대기, 땅, 물, 바다 등 총체적으로 중병인 심각한

암에 걸려 있다. 지구 자체는 이런 병을 치유하기 위해 스스로 변화해 간다. 그런데 이 과정에서 지상의 인간에게는 견디기 어려운 자연적 이변을 경험해야 한다. 눈이 오지 않던 지역에 눈이 오고, 춥던 지역이 더워지고, 바닷물의 온도 증가에 따른 해수면 상승으로 섬이 점차 사라지는 등 이변이 속출하고 있다. 뿐만 아니라 땅과 바다에서 생물 종이 멸종해 가고 있다.

현재 지구상 생물 종種은 약 175만 종이며, 미확인 된 것까지 포함하면 약 1,300만 종으로 추정된다. 이 중에서 현재 멸종 위기에 처한 종으로 식물은 약 34,000종이고 동물은 약 5,200종이며, 조류는 전체의 1/8이 멸종되었다. 한편 원시림의 45%가 파괴되었고, 10%의 산호초가 파괴되고 있다. 이 경우는 고기가 알을 낳고 성장하는 환경의 파괴에 해당한다.

전체 열대림의 1%(76,000km² : 700리×700리)정도가 매년 사라지고 있다. 그리고 지구 전체의 7%를 차지하는 열대 우림의 파괴로 매일 70종 이상의 생물이 멸종되고 있다. 이산화탄소 증가에 따른 온실효과 증가로 대기온도의 상승과 해수면의 상승이 일어나고 있다. 이에 따라 2030년경에는 1.8도의 온도 상승과 18cm 해수면 상승으로 세계 인구의 1/3이 피해를 입을 것으로 추정된다. 그리고 지구의 33%가 사막화되고 있다. 최근의 UN 보고에 의하면 생물 종의 20~30% 가 감소되었다고 한다.

자연과 함께 살아 가야할 자연을 훼손하고 파괴한다는 것은 곧 인간 스스로가 자신들을 파괴하는 것과 같은 짓이다. 만물은 생명을 가진 생명체이다. 흙이 그렇고 물이 그러하며 공기가 그러하다. 이들이 살아 있기에 지상에서 생물이 양육되는 것이다. 인간이 별처럼 살려면 만물에 대한 생명 존중 사상을 가지고 공존 공생하는 법을 배우고 지켜 가야한다. 그리고 과학기술의 발전 속도를 늦추면서 소비를 줄이고, 조금 불편하게 사는 법에 익숙해지도록 노력해야 한다. 그리고 후손에게 물려줄 지구의 유산을 지키고 보호하는 법을 배워야 한다.

약 46억년의 지구의 역사를 1년으로 볼 때 코페르니쿠스의 과학혁명(1531) 이후 이룩한 문명은 3초 이내(지구 역사의 1/1,000만)이며, 최첨단 과학이 시작된 것은 0.2초 이내이다. 결국 인간이 오늘날과 같이 지구를 병들게 한 것이 단 3초 이내에 이루어 졌다는 뜻이다. 만약 이러한 속도로 지구가 더 심하게 병들어 간다면 지상에 인류와 다른 종이 생존해서 남아 있을 수 있는 시간은 과연 얼마나 될까? 앞으로 1분(약 1만년)? 아니면 1시간(60만년)?

인간의 행복과 풍요가 중요하다면 자연의 다른 모든 것도 마찬가지로 행복하고 풍요롭게 지날 권리가 있는 것이다. 인간은 인간만 배려할 것이 아니라 씨앗을 양육시키는 흙을 배려하고 생명수인 물을 배려하고 호흡을 원활하게 하는 공기를 배려할 줄 알아야 한다. 상호간의 연기관계란 만물 사이에 동등하게 일어나는 것이지 인간에만 국한 되는 것이 아니다. 며칠만 음식을 먹지 못하거나 물을 마시지 못하거나 또 숨을 쉴 공기가 없다면 인간은 죽고 만다. 그런데도 탐욕과 애욕에 눈이 먼 인간은 한치 앞을 내다보지 못하고 허망한 허공의 꽃만을 쫓고 있다.

특히 현대 첨단과학의 물질문명이 비진리의 세계로 인간을 이끌고 가면서 지상에서 6번째의 대멸종(지상의 생물 종의 약 70% 이상이 짧은 기간 내에 사라지는 것을 뜻함)을 유발하고 있다. 약 46억년의 지구 역사에서 5번의 대멸종이 일어났다. 처음 4번은 지구 자체의 진화에 따른 것이고, 약 6천5백만 년 전에 공룡의 멸종으로 일어난 5번째의 대멸종은 지구 외부에서 들어온 거대한 운석 충돌에 의한 것으로 본다. 그럼 다음 6번째의 대멸종은 오늘날의 현실을 참작할 때 인간에 의해 일어나고 있다고 미국의 사회생물학자인 윌슨Edward Wilson이 경고한바 있다. 즉,

"인류가 단 한 세대 만에 우리와 동시대를 살아가는 많은 동료 종들을 죽음으로 몰아감으로써 여섯 번째의 대멸종을 시작하고 있다."고 했다.

한편 오늘날 우리는 철학자 베르그송(1859~1941)의 말을 귀담아 들어야 할 것이다.

"인류는 자신이 성취해낸 진보의 무게에 짓눌려 신음하고 있다. 자기 스스로가 미래를 좌우하고 있다는 사실을 모르고 있는 것이다. 인간은 스스로를 위해 무엇보다도 먼저 마음의 결정을 내려야 한다. 계속 살아 남아야할 것인지 아니면 사라져 버릴지 것인지에 대한 결정을…"

그리고 앞으로 지구의 올바른 보존을 위해 다음의 이야기를 잊지 말아야 한다.

지구인이여!
그대는 자연 앞에 겸손하고 겸허하라!
그대의 탐욕스러운 욕망에 따라
우주 환경을 더럽히지 말라!
그대는 우주의 작은 한 구성원일 뿐이다.
수많은 선조 동료 우주인이 우주를 지키고
또 항시 그대를 보고 있음을 잊지 말라!
이 우주 공간은 빈 소비의 공간이 아니라
창조와 소멸이 순환하고 있는 중중무진의
충만한 연기적 화엄의 세계이니라!

세상에서 가장 친한 벗은 나 자신이며, 세상에서 가장 나쁜 벗도 나 자신입니다. 나를 구할 수 있는 가장 큰 힘도 자신 속에 있으며, 나를 해치는 무서운 칼날도 자신 속에 있습니다. 이 두 가지 자신 중에서 어느 것을 선택하느냐에 따라 운명이 결정됩니다. [윌리암 웰먼: 미국 영화감독]

인간의 마음에는 가장 친한 벗도 있고, 가장 나쁜 벗도 들어있다. 또한 자신을 구할 수 있는 힘도 자신 속에 있고, 자신을 해치는 무서운 칼날도 자신 속에 들어있다. 이 중에서 어느 것을 택하느냐는 것도 자신이 선택해야 한다. 이처럼 인간의 마음에는 선과 악이 함께 있으며, 자신을 구제할 힘과 해칠 힘도 함께 들어있다. 이러한 마음이 바로 다른 생명체의 종과 차이를 가지는 인간의 생동심이다. 물들고 더러운 생동심을 여의면 자신 속에서 친한 벗을 찾게 되고 또 자신을 구할 힘을 얻지만, 그렇지 못하면 인간의 운명은 번뇌와 고통에 빠져서 무서운 칼날을 늘 품고 살아가게 된다.

과학이 무관심하고 또 무책임하게 가공스러운 파괴력이 있는 공격적 무기를 정치가의 손에 맡기고 만 결과 그들 정치가가 지구상의 전체 생물의 운명을 지배하는 터무니없는 일이 발생하게 되었다. [채플린: 영국 배우]

오늘날 과학은 진리 탐구라는 연구의 순수성을 잃고 정치가의 정권 유지나, 기업인의 이익 창출의 수단으로 전락되고 말았다. 그래서 자기 나라의 이익을 쟁취하기 위해 무서운 무기를 생산해서 사용함으로써 무고한 사람의 생명을 앗아 갈 뿐만 아니라 아무런 해도 끼치지 않은 다른 생물의 종까지 멸종시키는 위기를 맞게 되었다. 인간이 만물에 대한 생명 존중사상을 지키지 않는 한 과학문명의 발전이란 미명 아래서 생물의 종의 멸종은 계속되고, 푸른 지구의 병은 깊어만 갈 것이다.

인생에 있어서 「이젠!」하고 다리를 뻗고 한숨 돌릴 때가 있다. 이때가 오히려 위태로운 것이다. 큰일을 이룩한 뒤에 한숨 돌리는 것은 인정이지만, 공든 탑이 작은 일로 해서 무너지는 것을 잊어서는 안 된다. [윌슨]

고난의 길을 걸으면서 자신이 뜻하는 바를 이룩한 뒤에 긴장이 풀려 해이해 진다면 이때가 매우 위태롭다는 것이다. 왜냐하면 공들여 만든 탑이 작은 실수로 무너질 수도 있기 때문이다. 태어나면 어차피 고난의 길을 걸어야 함으로 인생 자체가 긴장의 연속으로 이어져야 한다. 연속적인 긴장은 안정을 낳고, 단절적인 긴장은 불안정한 스트레스를 낳는다.

어떠한 악한 일이라도 그것을 저지른 자만이 처벌되라는 법은 없다는 것이다. 우리들은 모두 서로 얽매여 살고 있는 것이다. 그러므로 우리들 내부에 숨어 있는 악이 서로 퍼져가는 것이다. 우리가 하는 일은 마치 자기의 자식들과도 같은 것이다. 그것들은 우리의 의지와는 동떨어져 살고 있는 것이며 행동하고 있는 것이기도 하다. [T.S. 엘리어트: 영국 시인]

서로 얽매여 있는 연기관계에서는 모든 것이 공동의 책임이다. 그래서 관계가 악으로 이루어지면 악이 퍼져나가고, 선으로 묶여 있으면 선으로 퍼져나는 것이다. 때로는 이런 관계가 나의 의지와는 무관하게 진행되는 것처럼 보이기도 하지만 실제는 연기에 관련된 모든 사람들이 지은 업業들이 서로 얽혀서 일어나고 있다.

별의 부부

밤하늘의 별들이 홀로 있는 것처럼 보이지만 반 이상은 둘, 셋 또는 그 이상의 별들이 모여 있다. 특히 두 별이 짝을 이루며 서로 도는 것을 쌍성 또는 연성連星이라 한다. 예를 들어 시소에서 지렛목을 중심으로 양쪽에 사람이 앉아 수평을 이루며 도는 것에 해당한다. 별에서는 지렛목에 해당하는 것을 두 별의 질량중심이라 한다. 두 별 중에서 무거운 별은 질량중심에 더 가까이 있고, 가벼운 별은 질량중심에서 더 멀리 떨어져 있다. 이러한 쌍성은 인간의 경우에 부부에 해당한다고 볼 수 있다.

중력에 묶여 서로 돌고 있는 쌍성 중에서 서로 멀리 떨어져 있는 경우가 많다. 이 경우는 각 별들의 진화가 상대방에 의해 별로 영향을 받지 않는다. 무거운 별은 가벼운 별보다 더 빨리 늙어 간다. 무거운 별이 임종을 맞이해서 많은 물질을 방출하고 잔해(중성자별이나 블랙홀)를 남기며 죽은 후에도 이 잔해는 가벼운 별과 함께 돌고 있다. 시간이 지나 가벼운 별마저 죽어도 그가 남긴 잔해(백색왜성)는 무거운 별의 잔해와 함께 영원

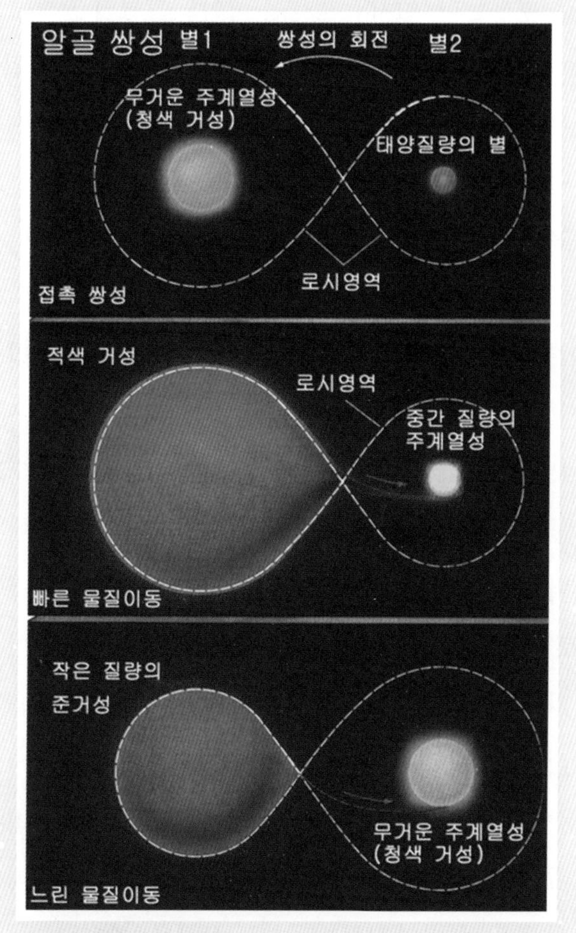

#19. 접촉 쌍성의 진화
알골 쌍성에서 무거운 별이 빨리 늙어가면서 방출한 물질이 로시영역을 채운 후에는 가벼운 별 쪽으로 물질이 흘러 들어와서 이 별의 질량 증가로 진화를 촉진시켜 원래보다 빨리 늙어가게 한다. 큰 별이 죽은 후에는 작은 별이 진화하면서 방출된 물질이 죽은 천체 쪽으로 다시 흘러간다. 두 별이 모두 죽은 뒤에도 이들은 계속 서로 쌍을 이루며 돌게 된다.

히 서로 돌게 된다. 이처럼 쌍성은 죽어도 그들의 잔해는 쌍으로 남아 서로 돌게 된다. 이것이 인간의 부부 사이에서 일어나는 경우와는 전연 다른 것이다. 즉 인간의 경우는 부부 중에 누가 먼저 저 세상으로 가면 나머지는 홀로 남게 된다. 어느 누구도 죽은 자의 잔해를 안고 지내는 경우는 없다.

쌍성 중에는 두 별이 아주 근접하게 가까이 있는 경우가 있다. 이를 접촉 쌍성이라 한다. 이 경우는 무거운 별이 빨리 늙어가면서 물질을 방출하면 바깥쪽으로 방출되지 않고 로시영역이라 부르는 역학적으로 한정된 영역 안에 갇히게 된다.(#19) 계속 물질 방출로 로시영역을 다 채우게 되면 그 다음에는 가벼운 별 쪽으로 물질이 이동한다. 그러면 가벼운 별은 질량의 증가로 진화 속도가 원래보다 더 빨라진다. 무거운 별이 잔해를 남기고 죽게 되면 가벼운 별은 거성으로 물질 방출을 하게 되고 이것은 다시 무거운 별의 잔해 쪽으로 이동한다. 이러한 과정을 거쳐서 가벼운 별은 원래 수명보다 짧게 일생을 마치게 된다. 두 별이 남긴 잔해는 계속해서 쌍으로 남아 서로의 주위를 돌게 된다. 즉 별의 부부는 죽어도 부부로 남는다.

인간의 경우에 부부는 접촉 쌍성에 해당한다. 그래서 남과 달리 주고받음이 강하게 연결된 인연관계를 지니게 된다. 여기서 주고받음은 사랑과 존경 및 신뢰이다. 별과 달리 인간의 경우는 서로 주고받음이 동시적으로 일어난다. 이런 관계는 함께 늙어가면서 계속된다. 이런 주고받음의 연기관계가 부부 사이에 조화롭게 이루어질 때는 행복한 삶을 누린다고 한다.

그런데 부부 사이에 주고받음이 제대로 이루어지지 않는 경우는 여러 가지 문제가 생기며 경우에 따라서 남보다 못한 관계로 이어지기도 한다. 두 사람 사이에 인연의 끈이 강하지 못하면 결국 헤어지게 된다. 이것이 별과 다른 큰 차이점이다. 별에서는 이혼이란 헤어짐은 결코 일어나지 않는다.

다만 쌍성 주위에 다른 큰 천체가 가까이 지나다가 쌍성 중의 한 별을 강한 인력으로 끌어가게 되면 쌍성에서 한 별이 홀로 남게 되는 경우도 있을 수 있다. 이런 현상은 인간의 경우에도 흔히 발생한다. 즉 부부 사이에서 한 사람이 다른 사람의 강한 유혹에 빠져 상대방을 버리고 이혼으로 흩어지는 경우다.

접촉 쌍성의 경우에는 별이 서로 진화하는 과정에서 물질을 방출하고 이것이 상대방 쪽으로 흘러 들어가서 안정한 상태의 별을 불안정하게 만든다. 그리고 물질 이동으로 진화를 촉진 시켜서 원래 타고난 별의 수명이 단축하는 결과를 초래한다. 결국 접촉 쌍성은 어떻게 보면 불행한 삶을 지낸다고 볼 수 있다. 그런데 인간의 경우는 거의 대부분이 서로 부부가 되어 비교적 안정된 삶을 살아간다. 여기서 별과 다른 점은 별의 부부인 쌍성은 자식을 낳지 않는데 비해 인간은 자식을 낳으면서 숱한 고통의 삶을 살아가야 한다는 것이다. 이런 관점에서 본다면 서로 가까이 붙어서 비록 불안정한 시간을 지내지만 자식을 낳지 않는 쌍성의 일생이 자식들 때문에 고난의 길을 걷는 인간보다 더 행복한 삶일지도 모른다.

별에서는 생의 탄생이 양식을 가지고 나오므로 자연의 섭리에 따라 살아갈 뿐이다. 그런대 인간은 자식을 낳으면 젖을 주고 밥을 주면서 길러야 하기 때문에 부모 자신들의 삶에 따른 고통에 자식 때문에 생기는 고통이 가중되는 불행(?)을 안게 되는 것이다. 그러므로 홀로 살아가는 사람보다 자식을 낳고 이들을 키우는 부부의 삶이 훨씬 힘든 것은 접촉 쌍성이 홀로 살아가는 별보다 더 불안정하게 일생을 보내는 경우와 비슷하다. 그러나 쌍성의 경우는 자식을 낳지 않기 때문에 인간처럼 자식이 성장해서 독립한 후에도 부모에게 고통을 안겨 주는 그러한 불행한 경우는 없다. 결과적으로 말하면 쌍성의 부부가 인간의 부부보다 훨씬 났다는 것이다. 비록 쌍성 중에 적어도 한 별의 수명은 짧아지는 경우가 있지만 별은 생사를 초월했으므로 일찍 죽는 것은 문제가 되지 않는다. 즉 생성은 이미 소멸을 내포하고 있으므로 소멸의 시기는 별 의미가 없다.

아버지가 자식을 위해서 할 수 있는 가장 중요한 일은 그들의 어머니(즉 아내)를 사랑하는 것이다. [T.M. 헤즈버그]

아버지가 어머니를 사랑함으로써 자식이 부모의 결속과 상호 존경과 존중을 보고 부모를 따르게 되는 것이다. 즉 부모가 모범이 될 때 자식이 이를 보고 행함으로써 올바르게 성장 할 수 있게 된다.

결혼에서의 성공이란 단순히 올바른 상대를 찾음으로써 오는 게 아니라 올바른 상대가 됨으로서 온다. [바네트 브리크너]

결혼이란 나의 이익만을 얻으려는 것이 아니라 상대방에 대한 회생 정신이 깃들어야 한다는 뜻이다. 즉 성공적인 결혼이란 내 뜻에 맞는 사람을 찾는 것이 아니라 내가 상대편에 알맞은 사람이 되도록 작심作心하는 것이다.

한 번도 실수하지 않은 인간은 언제나 아무 일도 안 하고 있는 인간이다. [에드워드 헬프스]

남과의 연기적 관계에서 일어나는 실수는 특별히 잘못된 것이 아니라 지극히 정상적인 것이다. 왜냐하면 실수는 나만의 책임이 아니라 상대방과 공동의 책임이며 또 인간사회에서는 자연스럽게 일어나는 현상이기 때문이다. 그리고 실수는 다음 단계에서 성공을 이끌어 온다. 만약 이런 실수를 완전히 피하려면 홀로 고립된 생활을 하거나 그렇지 않으면 죽어 사라지는 길밖에 없다.

사람은 가난해도 가난한 대로 만족을 찾을 수 있다.
그러나 많은 사람들은 자기가 느낄 수 있는 행복보다는
남이 부러워하고 칭찬해주는 그런 행복을 바라고 있다.
남이 칭찬하고 부러워한다고 해서 내가 행복한 것은 하나도 없다.
행복이란 나 자신의 마음의 평화를 얻는 데서 온다. [로오렌스 굴드]

행복이란 남이 칭찬하고 부러워하는 데서 오는 것이 아니라 자신의 평화로운 마음가짐에서 온다는 것이다. 그러기에 가난한 자에게도 행복은 있는 것이다. 많이 가진 자는 그것을 유지해야 함으로 불안하고, 명성과 명예를 가진 자는 그곳에 더 오래 안주하기 위해 고심하며 불안해한다. 그러므로 적게 가지고 낮추어 사는 것이 행복의 첩경인 것이다.

별은 자기 것이 없다

별이 태어날 때 가지고 나오는 것은 자기 자신의 몸뚱이 뿐이다. 이것은 자신이 평생 동안 먹고 살아가야할 양식에 해당한다. 별의 중심부에서 이 양식을 소모하면서 살아가는 동안 다른 어떤 것도 새로이 얻는 것이 없다. 접촉 쌍성의 경우에 물질 이동이 일어나지만 이 물질을 어느 누구 것으로 집착하여 구별하지 않는다. 그러므로 더 가지거나 들 가진다는 분별심을 가지지 않는다.

인간은 빈손으로 태어나 살아가면서 양식을 바깥에서 취하고, 그리고 입고 자는 주거 양식의 보호품이 필요하다. 다른 동물은 인간과 달리 입을 것이 필요 없다. 다만 계절에 따라 몸을 보호할 장소가 필요할 뿐이다. 그래서 자기 것이 반드시 필요한 것이다.

인간은 단순한 주거 양식의 필수품만이 아니라 편안하고 안락한 생활을 즐기기 위해 다양한 소유품을 발명하여 인생을 즐긴다. 이로부터 다른 종과는 달리 인간에게만 나타나는 특별한 소유욕에 따른 생동심이 생기는 것이다.

일반적으로 인간의 생동심은 번뇌 망상에서 일어나는 들뜨고 불안정한 마음이다. 소위 탐하는 탐심貪心, 화를 내는 진심嗔心, 이치에 무지한 치심癡心 등의 탐진치 삼독과 교만함, 의심함, 나쁜 견해 등등의 마음 작용을 일으킨다. 그리고 자신이 언제나 잘났다는 아상, 남보다 자신이 더 잘나고 인간이 가장 위대하다고 생각하는 인상, 남이 하는 대로 따라가는 중생심, 오래 살고 싶은 수자상 등도 번뇌의 씨앗이 된다. 따라서 인간은 자기 것이 많을수록 번뇌 망상이 많아져 생동심에는 108가지의 번뇌가 따른다고 한다.

현대 물질문명 사회에서는 무한 경쟁적이고, 소비 지향적이다. 그래서 소비를 미덕으로 치장하는 것이 오늘날의 저질 자본주의 문화이다. 과소비는 빠른 생산을 유도하면서 자연의 자원의 고갈을 촉진하고 있다. 이와 같은 소비문화는 국가적 경쟁이고 나아가 세계적 무역 전쟁으로 이어지고 있다. 결국 현대 물질문명은 인간의 소유욕을 극대로 자극하여 자본을 획득하고 이윤을 추구하는 쪽으로 지향하고 있다.

따라서 현대는 인간의 본질적인 삶에 대한 존재가치를 찾는 것이 아니라 소비를 미덕으로 하는 소유가치를 문명의 척도로 삼고 있다. 이것은 곧 인간 내면의 청정한 본성을 추구하는 것이 아니라 인간을 항상 행복과 즐거움이라는 흥분과 들뜨고 불안정한 마음으로 삶을 영위토록 하고 있다. 결국 현대는 가장 불안정한 시대로써 인간의 참된 존재가치가 상실된 시대이다. 즉 오늘날 인간은 '내 것', '네 것'을 따지면서 한갓 물적 노예로 전락되어 인간 정신이 말살되어 가고 있다.

최첨단 우주시대를 외치면서도 진정한 우주의 섭리를 알려고 하지는 않는다. 우주시대란 단지 통신 수단을 발전시켜 지구의 인류 전체가 한꺼번에 정보의 굴레에 억매이게 함으로써 상업적 수단을 극대화 할 뿐이다. 이런 상업주의에 도취된 우리는 우주에 별이 얼마나 많으며 이들이 전해주는 심오한 법문이 무엇인지를 전연 알려고 하지 않는다. 이것이 과연 이성을 가진 인간이 해야 할 일인가?

가능한 적게 가지고, 가능한 좀 불편하게 살수록 번뇌 망상은 줄어든다. 이러한 방법이 별처럼 사는 법이지만 과연 인간이 이 방법을 택할 수 있을까? 일단 편하게 지나면 불편한 쪽으로 내려오지 않으려는 것이 인간의 심리이다. 특히 현대인은 이미 저질 자본주의와 소비문화에 심각하게 오염되어 병이든 상태이다. 그러나 인류의 후손을 위한다면 더 늦기 전에 그릇된 생동심을 줄이는 방법을 찾아내야 한다. 그렇지 않으면 인간의 강한 소유욕에 따른 탐욕은 자연에서 자원을 마구 착취함으로써 지구를 더욱 빠르게 훼손시키고, 파괴시켜 인류의 대멸종을 우리 스스로 불러올 수도 있다.

자연은 병이 들어도 스스로 치유하면서 안정한 상태로 진행해 간다. 이 과정에서 일어나는 자연의 변화는 지상의 종種 중에서 가장 연약한 인간의 생존을 어떤 형태로든 위협할 것이다. 이러한 여러 종류의 위험을 인간이 견디어 내기란 거의 불가능할지도 모른다. 약 46억년이란 지구의 역사에서 코페르니쿠스의 지동설 제창으로 과학 혁명이 일어나고, 이로부터 인류의 문명이 급속하게 발전해 온 것은 불과 약 480년 전이다. 이 시간은 지구의 역사를 1년으로 보면 단지 3초에 지나지 않는 극히 짧은 기간에 해당한다. 이 기간 동안에 문명의 발전이란 미명 아래서 탐욕에 찌든 인간이 저지른 그릇된 행위로 일어난 지구의 심각한 병을 고려할 때 앞으로 인류는 과연 얼마 동안 안전하게 지상에서 생존할 수 있을까?

사람들은 명성과 지위만이 즐거운 것인 줄 알고, 명성도 없고 지위도 없는 것이 진짜 최상의 즐거움인 줄은 모른다. [채근담]

명성과 높은 지위는 잘났다는 아상을 심어 줄 수 있다. 그리고 정상에 오르면 그곳에 오래 동안 머물고자 하는 욕심에서 불행을 자초할 수 있다. 그래서 최상의 즐거움은 명성도 지위도 없는 그렇고 그런 여여(如如 : 있는 그대로 이법에 따른 진실한 모습)한 생활에 있다.

쾌락과 고통을 버려라.
기쁨과 근심도 버려라.
그리고 맑고 편안하고 순수한 마음만으로
저 광야를 가고 있는 코뿔소의 외뿔처럼 혼자 가거라. [숫타니파타]

쾌락과 고통은 같은 것이며, 기쁨과 근심도 같은 것이다. 그러므로 서로 대립되는 이들을 모두 여의고 청정하며 편안한 중도(中道 : 서로 대립되는 두 극단에서 어느 한쪽에도 치우치지 않고 둘을 서로 융합하는 도리)의 마음으로 코뿔소처럼 당당히 살아가라는 뜻이다.

우리들은 눈이 두 개 있다고 해서 그만큼 더 조건이 좋아지는 것은 아닙니다. 한 쪽 눈은 인생의 좋은 부분을 보며, 또 한 쪽 눈은 나쁜 부분을 보는 데 사용된다. 착한 것을 보는 쪽의 눈을 가려 버리는 사람은 많으나 나쁜 것을 보는 눈을 가려 버리는 사람은 극히 드물다.

[볼테르: 프랑스 사상가]

눈이 두 개라고 해서 반드시 더 잘 보이는 것은 아니다. 눈을 어떻게 사용하느냐에 따라서 달라진다.
마찬가지로 세상에는 나쁜 것과 좋은 것이 있다. 그런데 인간은 대체로 인생의 좋은 쪽보다 나쁜 쪽에 더 많은 관심을 가진다. 이것은 인간이 정상적인 것보다 비정상적인 것에 더 많은 호기심을 가지는 습성 때문이다. 그래서 남이 잘 되는 것보다 못되는 것에 더 많은 관심을 갖는 것이다. 이와 같은 현상은 한 눈을 감고 세상을 보는 것과 다를 바 없다.

세상을 버리면 마음의 얽매임이 없고, 마음의 얽매임이 없으면 마음은 바르고 편하며, 마음이 바르고 편하면 저 조화와 더불어 날로날로 끝없이 새로워 질 것이요, 날로 끝없이 새로워지면 곧 도에 가깝게 될 것이다. [장자: 중국 고대 사상가]

세상에서 잡다한 외부 대상에 대한 마음의 집착을 버리면 얽매임이 없으므로 마음이 편하고 안정된다. 그러면 조화로운 새로운 질서에 점차 다가가면서 궁극에는 도道를 이룰 수 있는 것이다.

불안한 마음으로 풍부하게 사느니 보다는 나는 두려움과 걱정 없이 부족한 생활을 하는 것이 오히려 행복하다. [에픽테토스: 로마 철학자]

행복이란 많이 가지는 것에서 오는 것이 아니라 안정되고 평안한 마음가짐에서 온다. 그러므로 많이 가지면서 불안한 것보다 오히려 적게 가지면서 두려움 없다면 탐심이 없으므로 이것이 곧 행복인 것이다.

내가 생각하건대 잘난 사람이라고 하는 것은 다른 사람이 아니라 자기가 할 수 있는 일을 한 사람이다. 그런데 사람들은 할 수 있는 일을 하지 않고 할 수 없는 일만 바라고 있다. 자신이 할 수 있는 정도의 일은 때를 놓치지 말고 하라! 그것으로 사람은 충분한 것이다. 인생의 불행은 자기가 할 수 있는 일을 하지 않는 데에 그 근원이 있다.

[로망 롤랑: 프랑스 소설가, 평론가]

우리는 스스로가 의사가 되어서 자신을 진단하고 처방할 수 있어야 한다. 그러면 자신의 능력에 따라 자신이 할 수 있는 일과 할 수 없는 일이 가려질 수 있다. 그런데 사람은 욕심 때문에 능력이 되지 않는 일을 억지로 하려고 하는 경우가 있다. 상의적 연기관계에서 남에게 피해를 주는 불행은 바로 여기서 시작되는 것이다. 이런 불행을 피하기 위해 자신이 할 수 있는 일은 때를 놓치지 말고 수행해야 하고, 할 수 없는 일은 처음부터 마음을 내지 말아야 한다.

별은 수행이 필요 없다

별은 양식을 가지고 태어나므로 남의 것을 탐하는 마음이 없고, 열린 상태에서 태어나 열린 상태로 살아가기 때문에 자신을 보호하기 위해 특별히 무엇을 소유할 것이 없다. 그런데 인간은 고립된 모태 속에서 자라나다가 빈손으로 바깥으로 나왔기 때문에 양식을 밖에서 구해야 하고 그리고 자신을 안전하게 보호할 도구가 필요한 것이다. 이 모든 것이 인간은 태어나면서부터 '내 것' 이라는 소유의 개념을 필수적으로 가지게 한다.

'네 것' 과 '내 것' 이라는 것은 서로 대립되는 소유의 개념이다. 그래서 인간은 태어나면서부터 상대방과 경쟁적 연기관계를 이어가도록 되어 있다. 문제는 이러한 소유욕이 인간 본래의 염오심의 씨앗이 된다는 것이다. 인류 사회가 발전되면 될 수록 염오심이 줄어드는 것이 아니라 오히려 자신이 스스로 극복하지 못할 정도로 증폭된다. 오늘날과 같이 발전된 문명사회에서 많은 사람들이 경험하는 스트레스라는 것도 실은 심한 생존경쟁 속에서 일어나는 더럽고 혼탁한 염탁심染濁心의 발로이다.

이러한 번뇌 망상의 염오심을 여의고 안정된 생활을 영위하기 위해 인간은 수행이라는 방법을 쓴다. 수행을 통해서 들뜨고 흥분된 생동심을 바닥으로 가라앉히며 자신의 본래 모습 즉 자기 본성을 찾는 것이다. 이 본성은 아기가 태어날 때 가지는 마음과 같은 청정한 근본심에 해당한다. 그러면 어떻게 하면 염탁의 생동심을 없애고 때 묻지 않은 근본심을 발현할 수 있을까?

만물은 연기관계 속에서 진화한다. 인간은 다른 종과 달리 강한 소유욕 때문에 사람과의 연기관계나 자연과 인간 사이의 연기관계가 더욱 복잡하고 다양하다. 주고받음의 연기관계에서 항상 이득을 얻고자 함이 인간의 심리이다. 그러나 인간의 삶에서 언제나 이득만을 취할 수는 없다. 얻는 것이 있으면 잃는 것이 있고, 잃는 것이 있으면 얻는 것이 있는 법이다. 그러므로 탐욕을 내지 말고 항상 가장 낮은 에너지 상태에 머물고, 또 외부 반응에 대해서 가장 적은 에너지로 반응하는 것이 연기관계에서 최선의 방법이다. 이 방법을 물리적으로 표현하면 최소작용의 원리라 한다.

무거운 돌은 항상 가장 낮은 아래 바닥으로 내려오고, 흐르는 물은 가장 짧은 거리를 따라 흘러간다. 언제나 들뜨고 흥분되지 않은 조용하게 가라앉는 마음, 즉 선정에 들고, 외부의 영향이나 충격에 대해서 심하게 흥분하지 않고 침착하고 깨끗한 정신으로 가장 에너지가 적게 소모되는 방향으로 대응하는 것이 바로 최소작용의 원리이다. 외부 반응에 대해서 자신을 잃지 않고 대응하려면 항상 엄격한 계율(해야 할 것은 하고, 금지된 것은 하지 않는 것)을 지킬 줄 알아야 하고, 또한 매사를 이법에 합당하게 이해하고 행하는 지혜가 있어야 한다. 그래서 최소작용의 원리를 만족하려면 계 · 정 · 혜가 필수적임을 알 수 있다.

우리가 남과 약속을 지키고, 또 자신이 스스로 한 약속도 잘 지키며, 사회에서 주어진 질서나, 윤리, 도덕 등을 꼭 지키는 것이 계이다. 이러한 계율을 어기면 개인 자신이나 사회 자체가 불안정해 진다. 사람은 살아가면서 교육을 받고 또 경험을 통해서 이법을 깨닫는다. 이것이 바로 지식을 올바르게 쓰는 지혜인 것이다. 그리고 사람이 들뜨고 경망스러우면 흥분 상태에 놓이게 되어 자신의 참 모습을 볼 수 없게 된다. 그래서 조용한 상태에서 자신을 돌아보는 선정이 필요한 것이다. 또한 독서를 통해서 옛 성현들의 마음을 읽고 삶의 지혜를 쌓는 것도 필수 요건이다.

청정심만을 지닌 별과 달리 더럽고 오염된 염오심을 지닌 인간에게는 수행을 통한 깨달음이 많이 언급되고 있다. 한마디로 말하면 깨달음이란 염오의 생동심을 여의고 때 묻지 않은 무구無垢한 근본심을 발현하는 경지이다. 사람들 중에는 이러한 깨달음을 평생의 목표로 삼고 정진하기도 한다. 이런 사람들 중에는 깨달음을 아주 특별한 신비적인 것으로 보고 특수한 사람만이 이를 성취하는 것으로 보기도 한다. 그래서 깨달음의 성취를 대단한 자랑으로 생각하고 무조건 남을 제도하려하는 경향이 많다. 그런데 진정으로 깨달은 사람은 깨달음이 무엇인지도 모르는 법이다.

연기적 세계에서 깨달음이란 신비한 것도 아니고 추상적인 것도 아니며, 지극히 현실적이며 실제적인 경지이다. 그러므로 일상생활에서 꾸준히 정진만하면 누구나 깨달음의 경지에 이를 수 있다. 시장 바닥에서 열심히 물건을 팔며 살아가는 사람이나, 땅을 갈며 열심히 일하는 농부 등 누구나 자기 일에 정신을 집중해서 매진한다면 잡다한 번뇌 망상을 여의고 언제나 깨끗한 마음으로 삶을 살아갈 수 있는 것이다. 이들 모두는 남에게 정신적으로나 물질적으로 어떠한 피해도 주지 않고 좋은 연기관계를 맺어가는 깨달은 사람들이다. 실은 이런 사람들이 어떠한 불평도 없이 남을 이롭게 하는 사람들이다. 대승사상에서는 이런 사람을 보살이라 한다. 하늘의 모든 별들은 태어나면서부터 깨달음의 경지에 있는 것이다. 그래서 별은 인간과 달리 특별한 수행이 필요 없다.

조금밖에 모르는 자가 수다스럽게 떠들어대는 법이다.

알고 있는 자는 잠자코 있는 것이다. 거친 인간은 자기가 알고 있는 것이 대단한 것이라고 생각한다. 그리고는 누구에게도 말하고 싶어 한다. 그러나 참으로 알고 있는 자는 그 지식을 남에게 말하기 어려움을 알고 있다. 그는 지금 아주 수다스럽게 떠들어댈 수도 있다. 그러나 후에 더욱 더 많은 것을 이야기할 수 있음을 알고 있기 때문에 그는 잠자코 있는 것이다. [루소: 프랑스 사상가, 문학가]

빈 수레가 요란하며, 강이 깊을수록 강물은 잔잔하다. 인간도 마찬가지로 조금 아는 자는 아는 것을 다 들어내고자 하고, 많이 아는 자는 나중을 위해 말을 아낀다. 조금밖에 모르는 자는 남의 소리에 귀를 기울이지 않고, 박식博識한 자는 자기가 이야기하는 것보다 남의 이야기를 잘 들어 준다.

패자는 그들이 왜 패했는지를 설명하느라 시간을 보내고, 무엇을 할 것인가를 생각하느라고 인생을 허비한다. 그들은 현재하고 있는 일을 즐기는 법이 거의 없다. [에릭 베르네]

인생의 패자는 왜 패했는지 또 앞으로 무엇을 할 것인가를 생각하느라고 시간을 다 보낸다는 것이다. 결국 패자는 현실을 직시하며 노력하지 않고 그 변두리를 헤맨다는 것이다. 그래서 현재하고 있는 일을 즐기지도 못하며 또 일의 참 뜻도 모르게 된다.

만일 A가 성공이라고 한다면 A는 X더하기 Y더하기 Z이라는 공식이 성립된다. X는 일하는 것이고, Y는 노는 것이고, Z는 입을 다무는 것이다. [알버트 아인슈타인: 미국 물리학자]

성공이란 일하는 것이고, 노는 것이며, 침묵하는 것이다. 일이란 노력하는 것이며, 노는 것이란 휴식을 말하고, 침묵이란 성공을 대단한 것처럼 떠들며 자랑하지 말라는 뜻이다. 자랑 끝에 녹이 쓴다는 말이 있지 않는가!

별에는 시간이 없다

인간의 생활은 시간에 따라 진행되고 있다. 그래서 '시간은 금이다', '촌음을 아껴 쓰라' 등의 말이 나오게 된다. 시간에 따른 규칙적인 생활이 인간의 일반적인 생활 방식이다. 이런 점에서 인간은 시간에 구속되어 있다고 말할 수 있다.

특히 무한 경쟁 속에서 살아가는 현대인은 잠시라도 시간을 의식하지 않고는 살 수 없을 정도로 모든 행동이 시간의 제약을 받고 있다. 이런 현상이 인간으로 하여금 시간에 쫓기어 살아가게 함으로써 여유 있게 자신을 뒤돌아 볼 시간을 주지 않는다. 그래서 스트레스라는 시간의 굴레 속에 묶이는 심신의 불안정한 증세를 일으키게 된다.

별에는 시간이란 개념이 필요치 않다. 삶 자체가 시간이고, 무질서의 증가가 시간의 진행 방향이다. 즉 인간의 관점에서 볼 때 무질서한 성간 물질에서 태어난 유형의 별이 진화 과정에서 바깥으로 물질을 방출하면서 임종을 맞아 일생이 끝나면 단단한 초고밀도의 잔해만 남기고 모든 물질을 방출함으로써 다시 무질서한 성간 물질로 되돌아가는 것이다. 그런데 자연의 입장에서 보면 성간 물질에서 탄생된 별이 다시 성간 물질로 돌아오는 것이 지극히 조화로운 순환인 것이다.

이러한 무질서의 조화로 진행하는 것을 과학에서는 엔트로피가 증가한다고 한다. 석탄을 태우면 마지막에는 재로 남는다. 즉 쓸 수 있는 것이 쓸 수 없는 것으로 이행하는 것을 엔트로피의 증가라 한다. 무형에서 유형이 된 후 이것이 다시 무형으로 변하는 현상이 바로 엔트로피의 증가 방향이다.

아기가 태어나서 성장하는 과정은 엔트로피가 감소하는 과정이다. 즉 새로운 유형으로 만들어 가기 때문이다. 장년기를 지나 노년기로 접어들면서 점차 무형의 죽음으로 진행해가기 때문에 엔트로피는 점차 증가하게 된다. 이 모든 과정이 인간이 항상 들여다보는 시계와 더불어 진행되는 것이다. 그래서 인간에게는 과거, 현재, 미래 등의 시간적 구분을 두고 회상하며, 사고하고, 예측하는 것이다.

인간이 별처럼 시간을 잊고 산다면 얼마나 좋을까? 시간의 노예에서 벗어난다면 진정한 자유인으로써 삶의 가치를 찾을 수 있지 않을까? 문명이 발달되지 않았던 시대에는 시간이 느리게 간 것 같지만 정보가 넘쳐나고 통신이 고속화된 현대에서는 시간이 너무나 빠르게 지나가는 것 같다. 이에 따라서 자연과 더불어 친숙하게 살았던 먼 과거에는 생활에 불편함이 있었지만 여유가 있었고, 그리고 부족하지만 자연에 감사한 마음이 있었다.

그런데 오늘날은 편한 것 같으면서 여유가 없고, 풍부한 것 같으면서도 언제나 부족하고 공허함을 느끼는 것은 현대 물질문명이 낳은 산물이다. 그래서 겉으로는 건강해 보이면서도 속마음에 많은 병을 지니고 사는 것이 현대인이다.

인간은 어려웠던 과거를 잊어버리고 새로운 희망의 미래를 꿈꾼다. 그러면 과거로부터 완전히 해방이 될 수 있을까?

"과거로부터 미래의 해방, 미래로부터 과거의 해방"에 대한 반대말은 "미래가 과거에 구속되고, 과거가 미래에 구속 된다"는 것이다. 한 개인이 잊고 싶은 과거의 기억으로부터 미래에 해방되고 싶다는 것이 이루어지지 않는다면, 그의 미래는 과거의 기억 속에 구속된다. 마찬가지로 새로운 역사를 가지는 미래로부터 잊고 싶은 과거를 떨쳐버리고자 하지만 이것이 이루어지지 않으면 그의 과거는 미래를 구속하여 연장된다.

문제는 '해방'과 '구속'이라는 극단적인 양변이다. 해방은 구속이란 조건에서, 그리고 구속은 해방이란 조건에서 일어나는 것이므로 구속을 구속으로 느끼지 않고, 해방을 해방으로 느끼지 않는 소위 어느 한쪽에 집착하고 분별하는 마음이 없이 모든 것이 자연스럽게 흘러가는 과정에서 일어날 수 있는 평범한 가능태可能態로 본다면 위에서 언급되는 극단의 양변을 느끼지 않게 될 것이다.

과거의 사건은 그 당시 현재 여건이 그때의 과거 여건에 의해 부여받은 종속적 상호관계에서 일어난 것이고, 그때의 미래 역시 그때의 현재라는 여건에 의해 규정되어진다. 이러한 연속적 과정에서 일어나는 시간적 변화로부터 마치 단절되는 듯한 새로운 상태로의 비약을 통해 과거로부터 해방된다는 것은 극단적인 혼돈의 과정을 거치지 않고는 불가능하다. 물론 혼돈이란 것도 그것이 발생, 유지되는 상태를 세밀하게 나누어 보면 앞서가는 시간적 변화는 뒤에서 주어지는 변화를 매우 빠른 속도로 이어 받으면서 급히 미래로 나아가는, 소위 인간의 인지 능력으로 분해하여 이해하기 어려운 급격한 불안정 상태일 뿐이지 결코 무無에서 유有로의 갑작스런(단절된) 상태변화는 아니다.

이런 점에서 "과거로부터 미래의 해방"을 찾는 것이 아니라 "과거로부터 조화로운 미래의 창출", 즉 "과거로부터 자기 초월체의 달성"이 근본적인 것이며, 그리고 가능한 한 자연스런 변화의 조화를 따르는 것이다. 마찬가지로 "미래로부터 과거의 해방"이 아니라 "자기 초월체 달성에 의한 과거와의 연접적連接的 관계의 이해"가 더욱 중요하다.

해방은 구속적인 조건으로부터의 탈출을 의미하며 또한 기존 질서로부터 새로운 질서계로의 급진적인 진입을 뜻한다. 과연 인간 역사에서 시간의 해방이라는 것이 존재할까? 해방이 있다면 틀림없이 과거에 구속의 조건으로 규정된 상태에 있었어야 한다. 왜 구속되어야만 했는가를 먼저 깊이 생각하고 이러한 조건이 만들어진 상황을 자세히 분석 조사하여 새로운 자기초월 상태로 나아가는 것이 인간이 추구해야할 과정이며 또한 자연적 변화로의 순응적 과정이다. 우리가 여러 개체와 상의적 관계에 있는 한 해방이라고 부르는 것이 결코 해방은 아니다. 왜냐하면 사물이나 현상들 사이의 상의적 수수관계에서는 어떤 한 구속조건이 다른 상태의 구속조건으로 변해가며 바뀔 뿐이지 결코 구속조건이 완전히 사라지는 것은 불가능하기 때문이다.

이런 점에서 상존常存하는 상의적 관계로부터 해방이란 곧 유형에서 무형으로 이어지는 멸滅을 의미할 뿐이며 적어도 유형의 상태에서 완전한 해방이란 있을 수 없다. 실은 인간이 인간과 인간, 인간과 자연 사이에서 상호 연관된 다양한 구속조건에 얽혀 있기 때문에 행복이니 불행, 고통이니 기쁨이니 하는 여러 가지 추상적 감정들이 존재할 수 있는 것이다.

이런 맥락에서 구속은 인간 존재의 본질을 규정하는 것이고, 해방은 한 상태로부터 전연 다른 새로운 상태로의 전이轉移를 의미한다. 사랑은 구속에서 의미를 가지며, 해방은 사랑으로부터의 결별을 의미하며, 그리고 만족은 조화로운 구속에서 얻어지고, 고독은 구속으로부터의 해방에서 생겨난다. 만약 인간사회의 구속으로부터 해방되어도 전연 외로움을 느끼지 않는다면 그는 적어도 자연과 합일한 초월의 경지에 이른 상태일 것이다.

이렇게 생각하며 살라. 즉 그대는 지금이라도 곧 인생을 하직하지 않으면 안 되는 것이라고. 이렇게 생각하며 살라. 즉 당신에게 남겨져 있는 시간은 생각하지 않은 선물이라고. [아루렐리아누스: 로마 황제]

인생은 긴 것 같지만 짧다. 그러므로 오늘만 있고 내일이 없다는 생각으로 순간순간 최선을 다하며 살아야 한다. 내일이 온다면 이것은 여분의 삶으로 생각하고 고맙게 여기면서 촌음을 아껴 쓰며 살아가야 한다.

시간을 지배할 줄 아는 사람은 인생을 지배할 줄 아는 사람이다. [에센 바흐]

촌음도 아껴 쓰라는 말이 있다. 시간을 아껴 쓰고 계획을 정확히 수행할 줄 아는 사람은 시간을 지배하는 사람이다. 인생을 뜻대로 이끌어가기위해서는 시간을 철저히 지키며 시간을 지배 할 수 있어야 한다.

시간이 언제나 당신을 기다리고 있다고 생각하지 말라.
게을리 걸어도 결국 목적지에 도달할 날이 있을 것이라는 생각은 잘못이다.
하루하루 전력을 다하지 않고는 그날의 보람이 없을 것이며,
동시에 최후의 목표에 능히 도달하지 못할 것이다. [괴테: 독일 문호]

시간은 정지하는 일이 없고 또 누구를 기다리지도 않고 계속 흘러간다. 그러므로 한 순간도 충실히 일하지 않으면 귀중한 그 시간은 영원히 잃어버리며, 내 뜻은 결코 이루어질 수 없게 된다.
인생에서 삶의 목표란 순간순간의 충실함이 쌓이고 쌓여서 이루어지는 것이다. 순간에 충실하지 않음은 삶의 포기이며, 나아가 연기관계에서 남에게 피해를 끼치는 사람이 된다.

별처럼 사는 법

2007년 11월 7일 초판 인쇄
2007년 11월 14일 초판 발행

| 펴낸이 | 김 동 금
| 지은이 | 이 시 우
| 펴낸곳 | 우리출판사
| 교 정 | 김 인 영
| 편 집 | 전 정 현

| 등 록 | 제9-139호
| 주 소 | 서울시 서대문구 충정로3가 1-38호
| 전 화 | (02) 313-5047 · 5056
| 팩 스 | (02) 393-9696
| 이메일 | woribook@chol.com

ISBN 978-89-7561-258-9 03220

정 가 10,000원